Das Buch

Jeden Tag, acht Stunden oder mehr, verbringen wir mit Leuten, die wir uns nicht ausgesucht haben. Nirgendwo anders lassen sich so viele Marotten auf engstem Raum besichtigen. Und was ist schöner, als über die lieben Kollegen herzuziehen? Lästern ist ein erstklassiger Zeitvertreib, baut Stress ab, führt zu kreativen Höchstleistungen und macht richtig gute Laune.

Hunderte SPIEGEL-ONLINE-Leser haben ihre elegantesten Beleidigungen, bösesten Witze und feinsten Gags zusammengetragen. Dieses Lexikon hilft, sich täglich in Fahrt zu frotzeln und die närrischen Momente des Berufslebens so richtig zu genießen.

Für Läster-Anfänger und für Fortgeschrittene, zum Wiedererkennen und Lachen.

Der Autor

Jochen Leffers, geboren 1965, machte eine kleine akademische Hafenrundfahrt in den Geisteswissenschaften und war Chefredakteur eines bundesweiten Studentenmagazins, bevor er zehn Jahre lang als freier Journalist arbeitete, für die *Süddeutsche Zeitung, Die Woche, Die Zeit* und viele andere. Bei SPIEGEL ONLINE baute er ab 2001 zunächst das UniSPIEGEL-, dann das SchulSPIEGEL-Ressort auf. Seit 2011 leitet er das Ressort KarriereSPIEGEL.

KiWi
PAPERBACK
1320

Jochen Leffers

Kollegen sind die Pest

Das Lästerlexikon

Mit Cartoons
von Leo Leowald

Kiepenheuer & Witsch

MIX
Papier aus verantwortungsvollen Quellen
FSC® C083411

Verlag Kiepenheuer & Witsch, FSC® N001512

1. Auflage 2013

Umschlaggestaltung: Barbara Thoben, Köln
Umschlagmotiv: © Leo Leowald, Köln
Gesetzt aus der Minion Pro und der Syntax
Satz: Buch-Werkstatt GmbH, Bad Aibling
Druck und Bindung: CPI – Clausen & Bosse, Leck
ISBN 978-3-462-04507-9

Einleitung

Das moderne Arbeitsleben ist arm an echten Gefahren, dafür reich an Zumutungen. Täglich zieht es Furchen in die Seelen empfindsamer Angestellter. Es ist nicht immer ein despotischer Vorgesetzter, der die Nachgesetzten mit ihrem Job hadern lässt. Es sind auch weder enttäuschte Hoffnungen auf einen rasanten Aufstieg noch der Meeting-Marathon, schon gar nicht der fade Kantinenfraß oder der ewige Papierstau im Drucker. Viel schlimmer ist das Menetekel auf zwei Beinen:

Kollegen. Denn Kollegen sind die Pest. Mindestens.

Praktisch keine Stellenanzeige kommt heute ohne die Floskel aus, dass vom Bewerber Teamfähigkeit erwartet wird – die Schlüsselqualifikation schlechthin. Kreativ und kommunikativ sollen Mitarbeiter sein, sich mühelos in jede Gruppe einfügen und mit den verschiedensten Kollegen klarkommen. Andere Leute aber sind in erster Linie … anders. Und da wird es haarig.

Die lieben Kollegen: Lieferbar sind sie in allen Formen und Farben, in jedem Alter und mit den verschiedensten Temperamenten. Bei der Arbeit sind sie überkorrekt oder dauerschlampig, extrovertiert oder verschlossen, beständig oder quartalsirre. In der Freizeit springen sie Fallschirm oder sammeln Spucktüten, hören Speed Metal oder Wolle Petry, ergründen das Gesamtwerk von Monty Python oder die katalanische Lyrik des 19. Jahrhunderts.

Jobfrust sucht und findet immer ein Ventil

Ihren Schrullen lässt sich schwer ausweichen – man kann sich's ja nicht direkt aussuchen, mit wem man den Arbeitstag verbringt, acht Stunden oder länger noch. Gegenüber sitzt dieser Klugschnacker, der es hinterher immer schon vorher gewusst haben will. Rechts kauert die Schweigerin mit den periodischen Wutanfällen, links lauert der bereits frühmorgens fröhliche Ganzjahreskarnevalist. Da hinten, im Ficus-Wäldchen, zickt die Vertriebsdiva abermals eine schüchterne Praktikantin an. Der Chef, dieser Büroflüchtling, sonnt sich derweil auf internationaler Geschäftsreise im Glanz der Erfolge seiner Lakaien. Und sind es nicht immer die Blender, die mit dem Expressaufzug direkt in die Beletage der Firma brausen?

Ob in einer Werbeagentur oder im Wasserwirtschaftsamt, in einer Anwaltskanzlei oder Elektronikfirma: Wo Menschen auf engstem Raum gemeinsam arbeiten, entsteht ein Reizklima. Unabhängig von der Branche blühen im Kern überall die gleichen Alltagskonflikte. Jede Bürogemeinschaft ist eine Zwangsgemeinschaft. Über die Jahre wachsen Zweckbündnisse und echte Freundschaften. Aber auch Rivalitäten und ausgewachsene Feindschaften. In einem solchen Menschenzoo kann man jederzeit die schönsten Spleens besichtigen. Und alle Arten von angestautem Unmut, der ein Druckventil sucht.

Häufig entlädt sich Büroärger in satten Flüchen, Verwünschungen, Schimpfwörtern. Sie gehören zum Arbeitsleben und werden fester Bestandteil der Alltagssprache. Denn was könnte schöner sein, als über die Kollegen herzuziehen? Als SPIEGEL ONLINE vor einigen Jahren scharfzüngige Sticheleien zu sammeln begann, machten

Hunderte von Lesern mit. Nach und nach entstand ein Grund- und Aufbauwortschatz boshafter Bürobeleidigungen. Sie wurden als »Bürogezeter« veröffentlicht, das wiederum das Fundament für dieses Buch ist. Herzlichen Dank für alle Beiträge!

Zu viel Harmonie macht schläfrig

Das Lexikon hilft, sich täglich in Fahrt zu lästern und die närrischen Momente des Berufslebens so richtig zu genießen. Subtiler Spott ist darunter, auch fiese Frotzeleien und viele kluge Beobachtungen mitten aus dem Leben.

Und was sind das für Menschen, die so was schicken? Die E-Mails deuten an: fast immer recht gelassene und gut gelaunte – eher keine Misanthropen, keine Mobber. Die meisten Einsender legen es nämlich nicht darauf an, ihre Kollegen wirklich in die Pfanne zu hauen. Sie wissen: Würden alle Mitarbeiter gleich ticken, wäre das Büroleben viel trister. Und am Ende womöglich der Job in Gefahr. Denn pure Harmonie macht schläfrig; oft führen erst widerstreitende Perspektiven zu einem produktiven Wettbewerb der Ideen. Darum setzen erfolgreiche Unternehmen zunehmend auf »Diversity Management«: Vielfalt statt Monokultur, grundverschiedene statt lauter ähnliche Charaktere.

Die Hölle, das sind die anderen, nach Sartre? Aber ja. Und nein. Das Anderssein der Kollegen auszuhalten ist eine tägliche Herausforderung für Insbürogeher. Im Heidi-Klum-Deutsch: die »ultimative Challenge« des Berufslebens. Dabei sollte man die reinigende Kraft des Lästerns am Arbeitsplatz nicht unterschätzen. Das kann Wunder wirken gegen Jobfrust.

Lassen Sie es also einfach raus – aber vergessen Sie nie: Wer austeilt, muss auch einstecken können. Denn völlig frei von Marotten ist niemand. Nicht mal Sie.

Jochen Leffers

A

Abfangjäger
Sekretärin, die jedes Spontangespräch durchkreuzt und keinen Besuch ohne Termin zum Chef vorlässt, selbst wenn seine Tür demonstrativ den ganzen Tag offen steht (siehe auch: → VoZiDra, → Zerberus, → Human Firewall).

Abrissbirne
Der Letzte macht das Licht aus, wenn eine Firma in die Pleite steuert. Bevor es so weit ist, rückt der Insolvenzverwalter an. Es ist eher kein Job für Dünnhäuter: Der Verwalter hat streng zu prüfen, ob das Unternehmen oder Teile davon noch lebensfähig sind; er kann es also verkaufen oder zerlegen, Verträge schließen und Mitarbeiter entlassen. Auch die gesamte Belegschaft auf einen Schlag. Darum sind Insolvenzverwalter gefürchtet. Ihnen eilt der Ruf des Pleitegeiers voraus – oder der einer Abrissbirne. Manche nennen so auch einfach den Behördenkollegen aus dem Baureferat.

Abteilungsleiter der Herzen

Eigentlich eine Sympathiebekundung: Prinzessin Diana erhielt nach ihrem Tod den Beinamen »Königin der Herzen«, und zum »Meister der Herzen« wurde 2001 der FC Schalke 04, dem Bayern München den Titel durch ein Last-Minute-Tor im letzten Saisonspiel gerade noch wegschnappte. In Unternehmen kann der Zusatz aber doppelbödig sein: entweder tatsächlich ein leicht verschleimtes Lob (»Herr Müller, Sie sind der Abteilungsleiter der Herzen!«) oder eine ironische Verunglimpfung besonders unbeliebter Abteilungsleiter.

Abteilungssirene

Sekretärin mit sehr durchdringender Stimme (siehe auch: → Flüstertüte, → Goldkehlchen, → Vuvuzela).

Airbag

An diesem Mitarbeiter prallt alles, vor allem Kritik, einfach wirkungslos ab.

ALD – Kürzel für: Abteilungsleiterdarsteller

Manche Chefs geben sich phasenweise so tatkräftig und leutselig, wie das in ihrer Position erwartet wird. Sie sind auch jederzeit in der Lage, persönliches Mitgefühl glaubwürdig vorzutäuschen. Dabei wirken sie aber wenig authentisch. Denn eigentlich brüten sie am liebsten in ihrem Einzelbüro bei verschlossener Tür über BWL-Tabellchen. Wer zu lange den Eindruck verbreitet, dass Gemitmenschel nur eine Last ist, wird hinter vorgehaltener Hand ALD geschimpft.

Aktenfräse

Nimmermüder Kollege, der nach der Arbeit einen Nachschlag braucht: Jeden Tag, jedes Wochenende, selbst im Urlaub schleppt er Unterlagen mit nach Hause und arbeitet in null Komma nix alle Vorgänge ab.

Aktenschänder

Kollege mit äußerst miserabler Handschrift.

Aleinikow

Fußball-Fakten: Der weißrussische Fußballer Sergej Aleinikow spielte von 1984 bis 1992 in der sowjetischen Nationalmannschaft. Des schönen Namens wegen nennen auch Freizeitkicker mitunter Mitspieler so, die durch zu viele Alleingänge glänzen wollen. 2011 verpassten Bayern-Spieler dem holländischen Solodribbler Arjen Robben diesen Spitznamen (siehe auch: → One-Trick Pony). Im Büroleben ist »Aleinikow« ein Mitarbeiter, der auf Teams pfeift, Kollegen konsequent ignoriert und die Lorbeeren gemeinsamer Arbeit exklusiv ernten möchte.

Allesgeber

Sicher kennen Sie Michael Steinbrecher. Diesen etwas öligen ZDF-Moderator aus dem »Aktuellen Sportstudio«, der so theatralisch gestikuliert wie einst Wim Thoelke selig und die fanbeschalten Zuschauer unermüdlich zu Applaus ermuntert (»Ja, Sie können jetzt klatschen«). Mit einiger Hingabe macht das Lockenwunder aus dem Ruhrgebiet den Torwandwart (»Ja, Sie können unseren Gast jetzt ruhig anfeuern«; bei Beinahe-Treffern: »Schade, der hat schon reingeguckt«). Und fast immer beendet er das traditionelle Torwandschießen mit den gleichen Worten: »Alles gegeben …!«

Allesgeber: In ganz normalen Unternehmen sind das Menschen, die ihren Arbeitseinsatz und Dauerstress jedem auch unaufgefordert unter die Nase reiben, um ihre Unverzichtbarkeit zu unterstreichen.

Allroundlaie

Verfügt über wenig bis gar kein fundiertes Wissen.

Ameisentätowierer

Pedanten sind selten beliebt. Ein Ameisentätowierer ist ein Kollege, der Kleinigkeiten – seien sie noch so unwichtig und beinahe unsichtbar – akribisch aufarbeitet. Ihm kann es nicht detailliert genug sein, stets hat er das letzte Wort (siehe auch: → Kirschkernschnitzer, → Moskito-Sezierer, → Penibilator, → Schnürsenkelbügler).

Analog-Sachbearbeiter

Verhält sich zum produktiven Sachbearbeiter wie Analog-Käse zu richtigem Käse.

Anästhesist

Kollege mit einschläfernder Sprechweise, dem bei Vorträgen kein Umweg zu lang ist.

Angstbeißer

Hundebesitzer wissen gleich Bescheid: Erscheint scheuen Tieren eine Situation bedrohlich, versuchen sie zu entkommen oder schnappen zu. Meist ist das Verhaltensmuster Folge negativer Erfahrungen. Angstbeißerei kommt auch in der Arbeitswelt vor – wenn Kollegen oder Vorgesetzte hinter aggressivem Auftreten ihre Unsicherheit und Inkompetenz zu verbergen versuchen.

Aussitzer
Angestellter mit viel Sitzfleisch und Geduld (siehe auch: → Lethargiestratege).

Autonom agierende Einheit (AAE)
Kollege, der sich grundsätzlich nicht mit Kollegen abspricht und allein vor sich hinwurstelt, Sonderform des Büroautisten. Nicht zu verwechseln mit:

Autonom theoretisierende Einheit (ATE)
Kollege, der den ganzen Tag Luftschlösser baut oder Konzepte entwickelt, die eigentlich niemand braucht.

Autopilot
Ist die Katze aus dem Haus, tanzen die Mäuse auf dem Tisch – das befürchten Chefs und fahren nur sorgenvoll in Urlaub. Es sei denn, sie schalten vorher auf Autopilot. So lautet der Spitzname des Betriebsroutiniers, der schon seit so vielen Jahren dabei ist, dass sich keiner mehr die Arbeit ohne ihn vorstellen kann (siehe auch: → Methusalix). Nichts kann ihn aus der Ruhe bringen. Der Autopilot vereint Stoizismus mit kraftsparender Effizienz, maximale Erfahrung mit minimalem Gestaltungswillen.
Größter Vorteil: Macht alles so wie immer.
Größter Nachteil: Macht einfach immer alles so wie immer.

A wie Arbeitsrecht

Wenn ein Mitarbeiter völlig die Contenance verliert, wird es heikel. Ein Wort ergibt das andere – und das letzte haben dann oft Richter. Über verbale Attacken, Schmähungen oder Beleidigungen urteilen Deutschlands Arbeitsgerichte beinahe täglich. Und je nachdem, wie tief die Schimpfwörter fliegen, gerät schnell der Job in Gefahr. Abgemahnt, gefeuert, geklagt: ein Überblick über kuriose Urteile.

Heftig mit seinem Chef geriet ein Supermarktangestellter aneinander. Zuvor hatte der 57-Jährige behauptet, eine Kollegin sei an einem Diebstahl beteiligt gewesen; Zeugen konnte oder wollte er dafür aber nicht nennen. Der Boss forderte ihn auf, die Vorwürfe fallen zu lassen. Darauf antwortete der Mitarbeiter: **»Herr B., Sie haben gar nichts mehr zu sagen, Ihre Zeit ist abgelaufen.«** Für den Arbeitgeber war das Betriebsklima damit vergiftet, eine vernünftige Zusammenarbeit nicht mehr möglich. Ohne vorherige Abmahnung bekam der Mitarbeiter erst eine außerordentliche, dann eine fristgerechte Kündigung.

Zu Recht, urteilte das Landesarbeitsgericht Rheinland-Pfalz: »Im groben Maße unsachliche Angriffe, die zur Untergrabung der Position von Vorgesetzten führen können, muss der Arbeitgeber nicht hinnehmen.« Obwohl der Angestellte nicht provoziert worden sei, habe er den Chef beleidigt – und sich dabei bewusst sein müssen, dass er seinen Arbeitsplatz aufs Spiel setze.

Häufig entdecken Gerichte mildernde Umstände

In einem besonders krassen Fall ließ dasselbe Gericht einen Angestellten am Ende mit einer Abmahnung davonkommen – obwohl er seinen Boss als **»Wichser«** und die Firmenleitung als **»Arschlöcher«** beschimpft hatte. Nach einer Krankmeldung war der Streit zwischen einem Lageristen und dem Marktleiter eskaliert. »Wenn Sie schlechte Laune haben, dann wichsen Sie mich nicht von der Seite an«, schrie der 35-Jährige ihn am Telefon an. Andere Mitarbeiterinnen waren dabei, als er danach auch noch brüllte: »Der Wichser, der hat sie doch nicht mehr alle«, und: »Dann sollen die Arschlöcher mich doch rauswerfen«. Der Arbeitgeber reagierte mit einer außerordentlichen Kündigung, auch der Betriebsrat stimmte zu.

Dennoch klagte der Lagerist erfolgreich gegen den Rauswurf. Er fühlte sich durch den Chef provoziert – und so sahen es auch die Mainzer Richter: Was der Mitarbeiter falsch gemacht haben soll, als er die Arbeitsunfähigkeitsbescheinigung sofort nach einem Arztbesuch einreichte, fanden die Richter ebenfalls »absolut nicht nachvollziehbar«. Es handle sich zwar um üble Beleidigungen, die aber wegen der »emotionalen Ausnahmesituation« in einem »weniger strengen Licht zu sehen« seien. Zudem arbeite der Mann schon seit 18 Jahren im Betrieb, und auch der »branchenübliche Umgangston« im Einzelhandelsgewerbe müsse berücksichtigt werden. Kurzum: Hier hätte eine Abmahnung gereicht.

Mitunter urteilen Arbeitsgerichte verblüffend milde – erst recht nach den öffentlichen Debatten um »Bagatellkündigungen« wie im Fall der Berlinerin Kassiererin Emmely, die gefeuert wurde, weil sie zwei Getränkebons im Wert von 1,30 Euro unterschlagen haben soll. 2010 erklärte das Bundesarbeitsgericht ihre fristlose Kündigung nach drei Jahrzehnten Betriebszugehörigkeit für ungültig.

Für aufgebrachte Angestellte zeigen Richter seitdem noch mehr Verständnis. Stets urteilen sie über den Einzelfall und berücksichtigen dabei Faktoren wie die besondere Konfliktsituation, die Vorgeschichte, das bisherige Verhalten eines Mitarbeiters, vor allem auch die Wiederholungsgefahr. In aller Regel muss ein Arbeitgeber den Angestellten erst einmal abmahnen und kann ihn nicht direkt vor die Tür setzen. So soll der Mitarbeiter die Gelegenheit bekommen, sein Verhalten zu überdenken und es zu ändern. Eine Abmahnung ist also ein Schuss vor den Bug, eine Gelbe Karte – und die Rote Karte einer sofortigen Kündigung nur ausnahmsweise gerechtfertigt.

Manche Richter können sogar Plattdeutsch

Weil sie eine spätere Rote Karte befürchten, klagen Arbeitnehmer bisweilen auch gegen Abmahnungen. Gleich mehrere davon erhielt ein Betriebsratsvorsitzender und verlangte, dass sie aus seiner Personalakte entfernt werden. Eine hatte er sich eingehandelt, weil er zwei Vorgesetzten ein **»beschissenes Wochenende«** gewünscht hatte. Keine gute Idee – und eine Verletzung arbeitsvertraglicher Pflichten, so die Mainzer Richter. Denn zu den Pflichten eines Mitarbeiters gehöre es, respektvoll mit Kollegen und Vorgesetzten umzugehen. Das habe der Angestellte nicht getan, darum sei die Abmahnung gerechtfertigt. Ob die Beleidigung auch strafrechtlich relevant ist, werteten die Mainzer Richter als ebenso unerheblich wie die »angespannte Situation« zwischen den Beteiligten.

Bei Auseinandersetzungen mit Vorgesetzten sollten Arbeitnehmer in Rage also besser die Luft anhalten, bis zehn zählen … und einen Gang herunterschalten. Ein Barangestellter am Frankfurter Flughafen hatte seinen Teamleiter zweimal als **»faulen Sack«** bezeichnet, als er nach dem Spätdienst nicht verkaufte Waren abliefern sollte. Die Arbeitszeit war schon vorbei, er fühlte sich vom Chef schikaniert. Das Gastro-Unternehmen kündigte ihm, dagegen klagte der Mitarbeiter. Das Urteil des Arbeitsgerichts Frankfurt: Die fristlose Kündigung war nicht angemessen – aber eine fristgerechte Kündigung schon. Denn solche Beleidigungen müsse kein Arbeitgeber hinnehmen.

Glimpflich dagegen ging der Rechtsstreit für einen Sachbearbeiter aus, der mit seiner Vorgesetzten über einen Urlaubswunsch stritt. Der Ton wurde schärfer, am Ende sagte der Sachbearbeiter zu ihr: **»Klei mi ann Mors«**. Wie das zu übersetzen ist? Mit »Leck mich am Arsch«, sagte die Firma und griff zur sofortigen Kündigung. Mit »Kratz mich am Hintern«, sagte das Hamburger Arbeitsgericht, das sich mit Plattdeutsch auskannte und die Formulierung nur »unhöflich« fand. Seinen eigenen Hintern konnte der Mitarbeiter retten, weil er sich bei der Vorgesetzten wie auch der Personalleiterin entschuldigte und sich in den acht Jahren zuvor keine Entgleisungen geleistet hatte. Auch hier hätte, so die Richter, eine Abmahnung gereicht.

Nazi-Vergleiche sind eine ganz dämliche Idee

Immer wieder müssen sich Gerichte auch mit Nazi-Vergleichen beschäftigen. So hatte ein Arbeitnehmer im Streit um eine Abmahnung einen Personaler gefragt: **»Ist das hier**

Konzentrationslager oder was?« Die Firma entließ ihn fristlos – zu Recht, entschied das Landesarbeitsgericht Schleswig-Holstein, denn eine derart grobe Beleidigung müsse ein Arbeitgeber sich nicht gefallen lassen. Ähnlich urteilte das Hessische Landesarbeitsgericht im Fall eines Kraftfahrers, der dem Arbeitgeber vorwarf zu **»lügen wie gedruckt«** – bei diesem Umgang mit Menschen **»komme ich mir vor wie im Dritten Reich«**. Der Fahrer, schon seit 30 Jahren im Betrieb, wollte sich dafür auch nicht entschuldigen. Und der Wutanfall packte ihn ausgerechnet vor Gericht, nämlich in einem Kündigungsschutzverfahren. Damit hatte er dem Unternehmen endgültig einen Grund für die fristlose Entlassung geliefert, die dann vom Gericht bestätigt wurde.

Als beleidigend und nicht hinnehmbar werteten Mainzer Richter auch den sarkastischen Spruch **»Jawohl, mein Führer«**. Das hatte der Bereichsleiter eines Lebensmittel-Discounters zur Sekretärin des Verkaufsleiters gesagt, als sie ihn an ausstehende Umsatzmeldungen erinnerte und erklärte, der Chef erwarte umgehenden Vollzug. Trotz einer Entschuldigung erhielt der Bereichsleiter eine fristlose und später eine ordentliche Kündigung. Das aber hielt das Gericht dann doch für überzogen und lediglich eine Abmahnung für angemessen.

Und wenn ein Mitarbeiter nicht seinen Boss, sondern Kollegen oder Kunden verbal attackiert? **»Du bist heute mein Neger«** – so begrüßte ein Ausbilder in einem Stahlbetrieb seinen (farbigen) Azubi. Das Gericht sah den Spruch zwar als geschmacklos, aber nicht als Beleidigung, zumal der Ausbilder in 37 Jahren noch nie durch rassistische Äußerungen aufgefallen war. Die fristlose Kündigung musste das Unternehmen zurücknehmen und einigte sich mit dem Mitarbeiter auf eine Abfindung. Ebenfalls nicht als Beleidigung werteten

Arbeitsrichter **»Ölauge«**. So hatte ein Baufacharbeiter einen türkischstämmigen Kollegen genannt. Der Ausdruck sei nicht allzu bekannt und reiche für eine Kündigung nicht aus, entschied das Arbeitsgericht Hannover.

Die Freundin des Chefs zu alt geschätzt

Manchmal ist es nur verletzte Eitelkeit, die Chefs auf die Palme treibt. Als der Boss einer Anwaltskanzlei ein Foto seiner Freundin zeigte, sollte die 19-jährige **Auszubildende das Alter schätzen** und antwortete: 40 Jahre. Die Lebensgefährtin war aber erst 31, der Rechtsanwalt kündigte der Auszubildenden fristlos wegen »Beleidigung«. Vor dem Mannheimer Arbeitsgericht kam es zu einem Vergleich: Der Anwalt nahm die Kündigung zurück, die 19-Jährige erhielt eine Abfindung und wechselte in eine andere Kanzlei.

Dass die Kunstfreiheit über den Bürofrieden geht, entschied das Landesarbeitsgericht Hamm. Ein Angestellter einer Möbelfirma hatte in seiner Freizeit einen Roman geschrieben, Titel: **»Wer die Hölle fürchtet, kennt das Büro nicht«**. In einigen Figuren glaubte der Arbeitgeber echte Mitarbeiter wiederzuerkennen, unter anderem einen kiffenden Kollegen und einen feigen Juniorchef, und entließ den Sachbearbeiter fristlos. Die Richter allerdings fanden den Roman und die Charaktere fiktiv, der Autor stehe unter dem Schutz der grundgesetzlichen Kunstfreiheit. Darum kassierten sie die Kündigung wieder ein.

Jochen Leffers

B

Ballonsportler

Allein mit heißer Luft schafft er es bis ganz nach oben.

Banalyst

Analysten werten Unternehmens- und Finanzmarktdaten aus, um Prognosen über die künftige Entwicklung treffen zu können. Wer banale Erkenntnisse mit zu viel rhetorischem Blendwerk aufporscht, hat bald den Ruf eines Banalysten weg.

Bankster

Augen auf bei der Berufswahl: Einst galt der Job des Bankers als solide, ehrbar und ein bisschen öde. In Scharen suchten Schulabgänger, die mit ihrer neuen Freiheit nicht recht etwas anzufangen wussten, den Einstieg bei einer Bank, um auf die Verlegenheitsausbildung später das Verlegenheitsstudium BWL draufzusatteln. Und die Börse – ein großes Mirakel. Was Investmentbanker den ganzen Tag treiben, wusste niemand so genau; vielleicht wollte man es auch lieber nicht wissen.

Fröhlich konnten sie sich gegenseitig mit obszönen Boni bewerfen, ohne dass die Öffentlichkeit Anstoß daran nahm. Kritik an den Mondgehältern von Bankern wurde als »Sozialneid« verhöhnt. Derweil verhökerten die ganz normalen Berater der Bankfiliale um die Ecke Finanzprodukte, die sie selbst nicht verstanden, an ihre arglose Kundschaft: »Leistung aus Leidenschaft« (Deutsche Bank) oder »Gemeinsam mehr erreichen« (Commerzbank) – die einen leisteten sich mehr Provisionen, die anderen erreichten mehr Risiken und mehr Verluste.

Mittlerweile werden »systemrelevante« und »Not leidende Banken« (Unwort des Jahres 2008, wegen der grotesken Verdrehung von Ursachen und Folgen der Weltwirtschaftskrise) mit Steuerzahlermilliarden gepampert, teilverstaatlicht, mit Rettungsschirmen ausgestattet, damit sie nicht ganze Volkswirtschaften mit in den Abgrund reißen. Die Börsen dieser Welt gelten nunmehr als Zockerparadies, die Gierlappen von der Hochfinanz als Personifizierung des Bösen.

Banker, Gangster, verschmolzen zu Bankster – siehe da, der kapitalistische Haifisch, der hat ja Zähne. »Was ist ein Dietrich gegen eine Aktie? Was ist ein Einbruch in eine Bank gegen die Gründung einer Bank?«, ließ der Dichter Bertolt Brecht seinen Mackie Messer im dritten Akt der »Dreigroschenoper« fragen. Nie ernteten diese Zeilen so viel Zwischenapplaus wie in Aufführungen seit Ausbruch der Finanz- und Wirtschaftskrise. Und die Oberbanker, die den Schlamassel verantworten? Kassieren längst wieder Millionengehälter.

Bartleby

Keine wüste Beschimpfung, eher eine feinsinnige literarische Anspielung: Bartleby ist die Titelfigur einer Erzählung des US-amerikanischen Schriftstellers Herman Melville, bekannt durch »Moby Dick«. Hier geht es nicht um ein- und raubeinige Walfänger, sondern um den Schreiber einer Kanzlei in Manhattan. Bartleby kopiert Akten fleißig und mechanisch per Hand, bis er die eintönige Arbeit verweigert. Dazu sagt er nicht viel, fast immer nur den einen Satz, mal mürrisch, mal gleichmütig oder flötensanft: »I would prefer not to« – »Ich würde vorziehen, es nicht zu tun«. Oder kürzer: »Ich möchte lieber nicht.«

Zunächst sind es bestimmte Arbeitsaufträge, die Bartleby ablehnt, später alle Zumutungen seines Berufes. Weil er bald auch in der Kanzlei wohnt, sucht der Notar – »Fachmann für ungeklärte Besitzverhältnisse und Abfasser tiefgründiger Urkunden aller Art« – sich in seiner Verzweiflung ein neues Büro.

Melvilles Story zeigt, wie ein Möchtenicht seinen Chef das Fürchten lehrt. Übel heimleuchten könnte der störrische Angestellte heute auch Experten für Change Management (»Nein, ich möchte mich lieber nicht verändern«). Wer einen Kollegen »Bartleby« schimpft, zeiht ihn der Drückebergerei. Und gibt ihm eine diskrete Warnung mit. Denn mit dem Schreiber nimmt es kein gutes Ende: Er verhungert im Gefängnis, weil er »lieber nicht« essen möchte – Bartleby geht an seiner Welt- und Lebensverweigerung zugrunde (siehe auch: → Opossum, → Zwecktölpel).

Beamtenmikadosieger

Wer sich zuerst bewegt, verliert beim Beamtenmikado – manche gewinnen stets.

ICH WÜRDE VORZIEHEN, ES NICHT ZU TUN.
... UND DEN BRANCHENÜBLICHEN UMGANGSTON BEHERRSCHT ER AUCH NICHT!

Beamtenschreck
Bewegungsmelder in Büros.

Beckenbauer
Spottwort für einen Kollegen oder Chef, dem es keine Mühe bereitet, sich in drei Sätzen viermal zu widersprechen. Das verlangt neben Flexibilität und Eloquenz auch eine große Portion Chuzpe, ganz wie beim echten Franz Beckenbauer: der vielleicht beste deutsche Fußballer aller Zeiten, Weltmeister 1974 als Spieler und 1990 als Trainer, Ehrenpräsident des FC Bayern – und im Zuge seiner Erfolge vom »Kaiser« promoviert zur »Lichtgestalt«. Als Organisationskomitee-Chef der WM 2006 in Deutschland wurde er dank Helikopterdauereinsatz gefühlt in mehreren Stadien zugleich gesichtet. Bei Fußball-Großereignissen scheint er immer auf mehreren Kanälen zu kommentieren: multifunktionell, multimedial, mehrzüngig.

»Schaun mer mal«: So legendär wie gefürchtet sind Beckenbauers Halbzeitanalysen in bajuwarischer Wurstigkeit, denn niemand seit Konrad Adenauer ignoriert so konsequent das eigene Geschwätz von gestern. »Er ist unterhaltsam, aber er redet heute dies und morgen das Gegenteil, ohne sich dem Verdacht auszusetzen, eine eigene Meinung zu vertreten«, schrieb der SPIEGEL schon 1998 – und nannte ihn »Firlefranz«. Beckenbauers Ikonenhaftigkeit hat auch dadurch kaum Schaden genommen.

Befindlichkeitsaufdränger
Kollegen, die uns an jedem Pickel und jeder Darmverstimmung großzügig und ungefragt teilhaben lassen. Ein klarer Fall von TMI, *too much information.*

Beiträger
Zur Abqualifizierung eines Diskussionsteilnehmers.

Bermudadreieck
Verpeilter Kollege, der Vorgänge und Akten häufig nicht mehr finden kann – was wirklich wichtig ist, vertraut man ihm besser gar nicht oder nur als Kopie an.

Berufspetze
Abfällige Bezeichnung für den Revisor, also den Prüfer in der Buchhaltung.

Betriebsinquisitor
Einst hielt die katholische Kirche per Inquisition vermeintliche oder tatsächliche Abweichler stramm auf Linie. Wer vom rechten Glauben abgefallen war, anders dachte oder auch nur überhaupt zu denken und also zu zweifeln wagte, musste damit rechnen, Höllenqualen zu erleiden, in der Folterkammer oder auf dem Scheiterhaufen.

Seit dem Spätmittelalter ist die Inquisition etwas aus der Mode gekommen. Heute hat die Innenrevision in Unternehmen die Aufgabe zu überprüfen, ob sich alle Mitarbeiter an die internen Richtlinien halten. Die Revisoren verzichten auf Daumenschrauben, Eiserne Jungfrau, glühende Zangen oder Streckbank – und doch warnen die kontrollierten Angestellten einander nicht selten vor der »Betriebsinquisition«.

Bildschirmschoner
Seinen PC benutzt er möglichst selten, weil er »einfach nicht mit dem Ding klarkommt«.

Bildzeitung
Dieser Mitarbeiter verbreitet Gerüchte und halb wahre Informationen per Flurfunk schneller als jede Rundmail.

Blockheizkraftwerk
Untersetzter, nahezu quadratischer Kollege mit starker Transpirationsneigung in unzureichend klimatisierten Arbeitsräumen.

BOfH – Kürzel für: Bastard Operator from Hell
Dieser Systemadministrator verfolgt nur seine eigenen Interessen und die der IT-Abteilung. Der ist in den meisten Unternehmen eigentlich eine Rolle als interner Dienstleister zugedacht; im Rudel können Computerspezialisten aber eine sonderbare und undurchschaubare Eigendynamik entfalten. Oft straft der Rest der Belegschaft sie darum mit dem Entzug jeder Zuneigung und mit boshaften Schimpfwörtern.

Bremskraftverstärker
Wenn sich Mitarbeiter gegen jede Veränderung sperren und jede Innovation torpedieren, treten sie meist rudelweise auf. Einer gibt den Wortführer und Hauptbremser, dic anderen sekundieren als Bremskraftverstärker. Sind sie eingespielt genug, lässt sich ihr Widerstand nur schwer überwinden. Wer mit neuen Ideen wiederholt aufläuft, möchte das Bremsergrüppchen am liebsten in eine erdferne Umlaufbahn schießen (siehe auch: → Lethargiestrategie, → Tausendfüßler, → Yes-Butter).

Brückenschlampe (auch: Brückenschwein, Brückenteufel)
Ein versierter Kurzurlaubsplaner nimmt immer an den Brückentagen zwischen Feiertag und Wochenende Urlaub, und das häufig für ein ganzes Jahr im Voraus – so früh, dass die Kollegen nicht mehr zum Zuge kommen.

Brunnenvergifterin
Notorisch intrigante Kollegin.

Brutus
»Auch du, mein Sohn?« Diese Worte soll Julius Caesar bei seiner Ermordung an Brutus gerichtet haben, der mit anderen Senatoren eine Verschwörergruppe gegen den Herrscher gebildet hatte. Der Betriebs-Brutus ist der Ziehsohn des alten Patriarchen und punktet bei seinem Aufstieg durch demonstrative Loyalität. Doch alle ahnen: In Wahrheit lauert dieser Verräter nur auf eine Gelegenheit, dem Boss den Dolch in den Rücken zu stoßen, um selbst das Zepter zu übernehmen.

Budgetbremse
Kollege, wegen dessen Unfähigkeit der Etat zusammengestrichen wurde.

Bulldozer
Spitzname für besonders durchsetzungsstarke Wirtschaftskapitäne wie Hartmut Mehdorn, einem der unbeliebtesten Manager Deutschlands (zuletzt bei Air Berlin gescheitert, zuvor bei der Deutschen Bahn). Genannt werden so auch bullige Karrieristen, die sich den Weg mit Bud-Spencer-Mentalität frei rammen.

WENN ICH MIR DAS SO ANSEHE, MUSS ICH DARAN DENKEN, DASS FRAU SEIBOLD WIEDER SÄMTLICHE BRÜCKENTAGE GEBLOCKT HAT. UND DANN KÖNNTE ICH AUCH SCHREIEN.
LEOWALD

Büroblauhelm

Zoff unter den Mitarbeitern? Dann naht bestimmt flott ein besonders verständnisvoller Kollege, der jeden Streit zu schlichten versucht. Sobald er aber erratische Entscheidungen der Geschäftsführung als strategischen Kunstgriff zu verkaufen beginnt, kann es geschehen, dass der Büroblauhelm selbst unter Beschuss gerät (siehe auch: → Zankwart).

Büroflak

Volle Deckung, Kopf einziehen: Mitarbeiter, die bei Wutausbrüchen Stifte, Tesa und ähnliche Kleinteile durch den Raum feuern. Brennen ihnen alle Sicherungen durch, greifen sie manchmal auch zu schwerem Gerät wie Tastaturen oder Klapprechnern.

Büroketzer

Mitarbeiter mit Widerspruchsgeist: je nach Sichtweise entweder ein nie zufriedener Kollege oder einer mit der Fähigkeit zur »intellektuellen Dissidenz« gegenüber Rundschreiben und Prozessen jeglicher Art.

Bürotourist

Der Bürotourist ist stets nur zu Besuch, das aber viel zu oft und viel zu lange. Den ganzen Tag streunt er quasselnd von Raum zu Raum. Und hält die lieben Kollegen durch allerlei Anekdoten aus seinem spektakulären Privatleben von der Arbeit ab.

Businesskasper

Von Bully Herbig geprägter Begriff für … na eben Businesskasper. Diese Leute, die am Flughafen Dialoge aus Absurdistan führen: »Ich fliege nach Berlin. Dort sitzt ein anderer Businesskasper, der fliegt runter nach München, und ich fliege für ihn hoch.« – »Ich fliege heute nach Köln, mache mich dort wichtig und fliege am selben Tag wieder zurück.« – »Und ich fliege morgen nach Bangkok und von Bangkok direkt nach Frankfurt weiter.« – »Das ist ja super. Ist gleich viel teurer, und Sie sind auch gleich viel wichtiger.« Klarheit und Wahrheit in gut anderthalb Minuten: Wie irrlichternde Geschäftsreisende einander finden und wie sie ihrem persönlichen Sendemast das Strahlen abgewöhnen, das entdeckt in einem grandiosen Bully-Herbig-Video, wer bei YouTube »Businesskasper« eingibt (siehe auch: → Rollkofferlokomotive).

B wie Bewerbungen

Ein Vorstellungsgespräch ist immer auch ein Stresstest. Wirklich gerecht geht es dabei selten zu. Selbst wenn gut ausgebildete und kluge Personaler auch unsicheren Kandidaten eine faire Chance geben, bleibt doch das Machtgefälle: Die einen wollen etwas, die anderen haben es – den Job. Hier regiert Lampenfieber, dort routinierte Gelassenheit. Auf der einen Seite des Tisches ein Anfänger, auf der anderen Profis.

Und die sind beim Bewerber-Grillen meist auch noch deutlich in der Überzahl. Völlig zu Recht applaudierte eine Twitter-Nutzerin ihrer Freundin, die im Vorstellungsgespräch angesichts von gleich fünf Personalern und potenziellen Chefs schlagfertig einwandte: »Hätte ich das gewusst, hätte ich auch Freunde mitgebracht.«

Ihr Urteil bilden sich Führungskräfte und Personaler ziemlich flink. Als die Online-Jobbörse CareerBuilder Arbeitgeber nach ihren Erfahrungen befragte, machten rund 550 Geschäftsführer, Direktoren und Manager mit Personalverantwortung mit. Jeder Fünfte war aus Deutschland, die Übrigen aus Großbritannien, Frankreich, Italien und Schweden. Dabei gaben zwei Drittel der deutschen Arbeitgeber an, sie wüssten schon in den ersten fünf Minuten des Gespräches, ob jemand der Richtige für den Job ist.

Wenn Kandidaten die Nerven zu flattern beginnen, kann es zu kuriosen Auftritten kommen. Die Jobbörse fragte auch, welche Fehltritte die Arbeitgeber erlebt hatten.

Die 13 schrägsten Bewerbungspannen:

1. Eine Bewerbung ist keine sportliche Jubelfeier. Statt dem Gesprächsleiter zu Beginn des Vorstellungsgesprächs die Hand zu geben, wollte ein Kandidat ihn mit »High five« begrüßen.

2. Spontaner Tränenfluss: Auf die freundliche Small-Talk-Einstiegsfrage, ob er gut hergefunden habe, fing der Bewerber an zu weinen.

3. Sehr dringendes Bedürfnis – der Kandidat kam ins Bewerbungsgespräch, sagte nicht »Guten Morgen« oder »Hallo«, sondern nur: »Wo ist die Toilette?«

4. Klare Ansage: Ein Bewerber trug ein T-Shirt mit der Aufschrift »Ich hasse Arbeit«.

5. Ein bisschen Ohrenbluten: Der Bewerber brachte eine Gitarre mit und trällerte ein Liedchen.

6. Baldrian auf Katholisch: Der Kandidat hatte einen Rosenkranz dabei, mit dem er das gesamte Gespräch hindurch klapperte.

7. Im Ton vergriffen – der Jobinteressent nannte die Gesprächsleiterin »kleine alte Frau«.

8. Ein Kandidat sorgte für gutes Raumklima. Er zog während des Vorstellungsgesprächs seine Schuhe aus.

9. Und tschüss – nach der Hälfte des Gesprächs sagte der Bewerber: »Ich gebe auf.«

10. »Hallo Schatz!«: Telefonat zur Unzeit – die Job-Aspirantin nahm während des Gesprächs einen Anruf entgegen und ging dann am Handy mit ihrem Freund eine Einkaufsliste durch.

11. Intime Informationen – der Kandidat sprach darüber, wie deprimierend es sei, keine Partnerin zu haben.

12. Lasst Blumen sprechen: Der Kandidat wollte die Privatadresse des Gesprächsleiters bekommen, um ihm später Blumen zu schicken.

13. Guten Freunden gibt man doch ein Küsschen, dem Personaler eher nicht. Ein Jobinteressent aber verwöhnte den Gesprächsleiter mit einem Abschiedskuss.

Jochen Leffers

C

Captain Future
Manche halten es für Trash, andere für einen Geniestreich: »Captain Future« ist der Held einer Romanreihe und einer japanischen Zeichentrickserie, die in den Achtzigerjahren eine ganze Generation halbwüchsiger Nerds kulturell vers… nein: geprägt hat. Angestellte kennen unter diesem Spottnamen den Leiter der Personalentwicklung.

C-Kunden-Aufreißer
Der geschäftliche Erfolg hängt in erster Linie von besonders zahlungskräftigen Kunden ab, den sogenannten A-Kunden. Wer sich selbst als vermeintlicher Starverkäufer zu aufdringlich im Lichte des eigenen Erfolgs sonnt, erfährt eine jähe Erdung, wenn die Kollegen ihn mit »C-Kunden-Beschaffer« ansprechen.

CCO (Chief Copying Officer)
Fertigt eine Kopie von allem, was irgendwann mal auf seinem Schreibtisch landet.

CEO (Chief Editing Officer)

Eigentlich steht die Abkürzung CEO für Chief Executive Officer, den Geschäftsführer oder Vorstandsvorsitzenden eines Unternehmens. Der Chief Editing Officer darf den Präsentations-Input der Kollegen erst noch nächtelang formatieren, bevor man den Krempel vorzeigen kann.

CEO (Chief Entertainment Officer)

Der Chef lässt den Blick über sein Reich schweifen wie der Löwe über die Savanne oder der Adler über den → Horst. Zum Unternehmenserfolg leisten manche einen sehr übersichtlichen Beitrag. Statt sich ums Geschäft zu kümmern, entwickeln sie einen starken Hang zur Selbstbespaßung, indem sie zum Beispiel schon wochentags ausgiebig an ihrem Golf-Handicap arbeiten oder pompöse Partys veranstalten, am liebsten auf Firmenkosten.

CD-Player

Für Creative Directors, gültig in Werbung, Medien, Mode usw.

Cheerleader

Man kennt das aus amerikanischen College-Filmen und längst auch aus deutschen Sportarenen: Knallbunt und knappstmöglich bekleidet tanzen, turnen, puscheln die Cheerleader, bis die Pause vorbei ist oder der Arzt kommt. Ihre Aufgabe ist es, bei Sportveranstaltungen das Team anzufeuern und das Publikum anzustacheln. In Unternehmen bevölkern Cheerleader die Abteilungen für PR und Marketing. Auch sie sollen für Begeisterung sorgen. Beide Cheerleader-Arten sind nur für die Begleitshow zuständig. Aber ihr Beiwerk ist hübsch anzuschauen.

Chefzäpfchen

Euphemistisch für einen A****kriecher.

Clownfrühstücker

»Witzischkeit kennt keine Grenzen, Witzischkeit kennt kein Pardon«: Der Clownfrühstücker ist schon beim Acht-Uhr-Meeting voll in Wallung und nervt mit überschwänglichem Jux den müden Kollegenrest.

Copydresser

Der Copydresser verfügt bei der Wahl seiner Kleidung über kein eigenes Stilempfinden. In seiner Verunsicherung kauft er Kollegen immer exakt die gleichen Klamotten nach. Damit ist er vor dem Spott des → Modenazis und des → Style-Faschisten aber keineswegs geschützt.

WATSON, ALTER JUNGE! DER FALL DES COPYDRESSERS STEHT VOR SEINER ENTSCHEIDENDEN WENDUNG!

C wie Clinch mit Kollegen

Max und Franziska reden nicht mehr miteinander. Nur ein knappes »Hallo« würgen beide morgens noch heraus, dann herrscht Funkstille bis zum Feierabend. Im Prinzip sind sie geschiedene Leute. Dabei waren sie nie liiert oder gar verheiratet. Sie arbeiten lediglich im selben Versicherungsunternehmen.

Als Franziska 18 Monate zuvor dort anfing, hatte Max sich seine Lorbeeren bereits verdient. Dachte er jedenfalls. Sein Vorgesetzter lobte ihn, die Zeit schien reif für einen Karrieresprung. Dann kam Franziska und wurde sogleich zur Teamleiterin befördert. Max war sauer, widersetzte sich ihren Anweisungen und machte sehr deutlich, für wie unfähig er die neue Kollegin hielt. Franziska schaltete den Vorgesetzten ein. Der hielt sich aber raus, um es sich nicht mit seinem langjährigen Mitarbeiter zu verderben.

Max ist jetzt montags häufig »krank«, wenn sich das Team zur Wochenplanung trifft. Eine Sitzung unter Franziskas Leitung – das tut er sich nicht an. Die Geschäftsleitung schaut zu. Vorerst.

Verpulvertes Geld

Solche »Beziehungspannen« sind in Unternehmen eher der Normalfall als eine Seltenheit, zeigte eine Umfrage des Wirtschaftsprüfungsunternehmens KPMG unter 111 Firmen. Zwist unter Kollegen führt zu Fehlern, die Arbeitsmotivation sinkt, die Fehlzeiten steigen wie auch die Personalfluktuation. Kleine Befindlichkeiten können großen Schaden anrichten. Laut KPMG summierten sich die Kosten von Projekten, die aufgrund von Konflikten scheiterten oder verschleppt wurden, in jedem zweiten der Unternehmen jährlich auf mindestens 50 000 Euro, in jedem zehnten sogar auf mehr als 500 000 Euro.

Auch Detlev Berning, Wirtschaftsprüfer und Mediator in Hannover, hat den Schaden zu beziffern versucht. Anhand von Beispielen aus seiner Beratertätigkeit schätzt er: »20 Prozent aller Kosten in Unternehmen sind Konfliktkosten – dieses Geld lässt sich sicher besser investieren.«

Niemand muss seine Kollegen lieben. Aber mit ihnen auskommen schon, und wenn's noch so schwer fällt. Denn nichts lässt Energie so sinnlos verpuffen wie schwelende Bürokonflikte. Dabei haben Zank und zwischenmenschliche Dramen am Arbeitsplatz meist banale Gründe. »Die typischen Konflikte beruhen auf Neid, Konkurrenz, Verlustängsten«, sagt Jutta Baden, Supervisorin aus Königswinter. Die Auslöser gleichen sich in allen Branchen. Für Frust und Wut sorgt etwa ungerechte Belastung bei der Aufgabenverteilung. Oder jemand ist »Chefs Liebling« und erfährt mehr Wertschätzung als ein anderer, der zudem noch bessere Leistungen bringt.

Böses Blut entsteht auch, wo Kollegen unsauber arbeiten. Wo Informationen zum eigenen Vorteil halb oder gar nicht weitergegeben werden. Wo Teammitglieder offen vorgeführt werden. Wo Schleimer an anderen vorbei Karriere machen. Oder wo Vorgesetzte bestimmte Mitarbeiter in Geschäftsentwicklungen einweihen – und andere gar nichts erfahren.

Auf den Tisch mit den Gefühlen

»Konflikte entfalten einen Sog«, sagt Rolf Schulz, Konfliktcoach in Baden-Baden. In der Regel liegen nicht nur zwei Mitarbeiter im Streit – das gesamte Umfeld wird hineingezogen. Kollegen fühlen sich genötigt, Partei zu ergreifen; Unbeteiligte leiden unter dem schlechten Arbeitsklima.

Wenn es einmal so weit ist, könne eine Klärung nur »von oben« herbeigeführt werden, sagt Mediator Detlev Berning. »Konfliktklärung ist eine Führungsaufgabe, denn die Organisation hat den Gewinn.« Führten etwa undurchsichtige Entscheidungen zu Unruhe, müssten die Verfahren geändert werden. Dann könnten Konflikte wichtige Impulse für Veränderungen geben. Ganz falsch sei es, sie zu unterdrücken: »Das Arbeitsklima profitiert davon, wenn Unstimmigkeiten erlaubt sind. Wird eine solche Atmosphäre nicht zugestanden, fehlt der Raum zum Atmen.«

Auch wenn es fast überall Ärger und Stress unter Kollegen gibt, so meiden doch viele Menschen die offene Auseinandersetzung im Job. Sie fürchten einen Gesichtsverlust, wollen nicht unprofessionell wirken, schweigen lieber in sich hinein.

Tatsächlich lassen sich viele aus dem Lot geratene Arbeitsbeziehungen nicht rein sachlich befrieden. Bei schon lange schwelenden Konflikten müssen die Gefühle auf den Tisch, denn oft sind Sach- und Beziehungsebene verwoben. Im schlimmsten Fall kann niemand mehr sicher sagen, worum es letztlich geht. Konfliktpartner müssen persönliche Verletzungen trennen lernen von der inhaltlichen Ebene, von reinen Meinungsverschiedenheiten, mit denen normalerweise beide gut leben können.

Konflikte diskret klären, nicht firmenöffentlich

»Viele fürchten, abzublitzen oder sich eine ironische Bemerkung einzufangen, wenn sie das strittige Thema ansprechen«, sagt Coach Rolf Schulz. Aber wie stellt man es klug an? Schulz nennt ein paar simple Spielregeln:

- Diskretion – »niemals die Person, mit der man im Clinch liegt, in der Öffentlichkeit konfrontieren«.
- Eine halbwegs günstige Situation abpassen, also den Kollegen nicht ausgerechnet dann ansprechen, wenn er sehr im Stress ist oder sich gerade auf den Heimweg macht.
- Den ersten Satz gut überlegen, dann das Anliegen kurz und knapp ansprechen. Zum Beispiel so: »Heute Morgen in der Konferenz, als du mir das Wort abgeschnitten hast, habe ich mich ganz schön überfahren gefühlt.« Das reicht. Klug ist es, den anderen direkt einzubeziehen: »Vielleicht hattest du deine Gründe? Wie hast du die Situation erlebt?«

Eine gelungene Konfliktklärung braucht Höflichkeit, Respekt – und dazu die Einsicht, dass selbst das größte Büroekel ein Mensch ist. »Wir ordnen dem anderen immer eine Böswilligkeit zu, das macht Stress«, sagt Mediator Detlev Berning. »Die Situation stellt sich aber schon viel entspannter dar, wenn man sich bewusst wird, dass sein Verhalten Gründe hat und dass er meist ohne böse Absicht so handelt.«

Supervisorin Jutta Baden sieht's ähnlich und wird dabei ein wenig philosophisch. »Wir sollten uns klarmachen, dass der andere uns durch sein Anderssein infrage stellt«, sagt sie, »das ist eine Herausforderung, die man annehmen muss.«

Margarete Hucht

D

Dauerbrenner

Benutzt seinen Firmen-PC fast ausschließlich zu illegalem Brennen von Musik- und Software-CDs.

Delegator

Der Chef hat eine anspruchsvolle Aufgabe zu vergeben, auch schon eine feste Vorstellung, wer diesmal dran ist, und nähert sich bedrohlich? Nichts wie weg mit der anstrengenden Last, besser andere für sich arbeiten lassen – das ist die Königsdisziplin für Drückeberger. Man kann jetzt hektisch in seiner schier endlosen Auftrags- und Prioritätenliste blättern. Und auf den Kollegen verweisen, der weit besser geeignet und »im Thema schon drin« ist. Oder man nimmt den Job an und gibt ihn sogleich weiter. Der Delegator findet immer einen, der sich gerade nicht wehren kann oder will (siehe auch: → Lustknabe, → Zwecktölpel).

Dienstreisenalkoholiker

Diese Spezies nutzt beruflich bedingte Abwesenheiten, um sich auf Kosten der Company ordentlich einen zu verlöten.

Diktafondiktator
Schreibt keine Zeile selbst und lässt alles abtippen.

Diplomperforator
Kollege, der nix kann, außer den Locher zu bedienen (siehe auch: → Frolic-Stanzer, → Unterflieger).

Diplomstümper
Dieser Mitarbeiter, gern auch mit Doktortitel, ist ein Theoriegigant und Praxiswinzling, mithin latent überfordert durch Alltagsaufgaben – trotz oder wegen seiner eindrucksvollen universitären Ausbildung. Durch die Umstellung auf Bachelor- und Masterstudiengänge ist der Diplomstümper vom Aussterben bedroht und müsste fortan eigentlich Masterstümper heißen (siehe auch: → Irooc).

District Head of Strategic Lunch Planning
Spätestens gegen 10.30 Uhr wird es höchste Zeit, gründlich über den Höhepunkt eines öden Bürotages nachzusinnen: Wann, wo und vor allem mit wem möchte ich heute die Mittagspause verbringen? Selbst der → Sitzsack und der → Geradeausgucker kommen für den Rest des Vormittags in Fahrt. Echte Lunch-Profis feuern jetzt aus allen Rohren, mit Mails, SMS, Instant Messenger oder Terminkoordination per Doodle. Nach dem Mittagessen fallen sie dann in die Fressstarre, auch bekannt als Suppenkoma oder Schnitzeldelirium: Rien ne va plus.

Dönerluftverbreiter

Döner macht schöner? Möglich, aber unwahrscheinlich. Wer mittags von der Dönerbude zurückkehrt, sich sogleich tief zum Kollegen am Monitor beugt und den Zwiebel-und-Knoblauch-Atem zart an dessen Ohr Richtung Nase streichen lässt, kann sich von Kebabphobikern leicht eine fangen. Im Falle von Veganern droht noch Schlimmeres (siehe auch: → Zazikiatmer).

Drehstuhlpilot

Stellt seinen gewöhnlich ereignisarmen Schreibtischjob als besonders aufregend und riskant dar.

Duftbaum

Manche Mitarbeiter und Mitarbeiterinnen fallen nicht durch Leistung, sondern durch aufdringlichen Parfumgeruch auf. Oder vernebeln den Aufzug durch Rasierwasserwolken à la »Old Spice«.

Duracell-Hase

Der Batteriehersteller Duracell feierte in Deutschland schöne Erfolge mit einem rosa Spielzeughasen als Reklamefigur: Der trat in den Fernsehspots zum Trommelwettstreit mit anderen Hasen an, die von No-Name-Batterien angetrieben wurden. Sie mussten früh das Trommeln einstellen, während ihr Rivale einfach nicht aufhören wollte. In Unternehmen werden Mitarbeiter (häufiger: Mitarbeiterinnen) »Duracell-Hase« oder kürzer »Duracell« genannt, deren Energie nie versiegt, die vom frühen Morgen bis zum Feierabend schier platzen vor Mitteilungsdrang und Aktionismus.

Durchlauferhitzer

Im öffentlichen Dienst für jemanden, der für einen kurzen Zeitraum in eine andere Behörde wechselt, nur um dann auf einen besser dotierten Posten zurückzukehren; durch dieses Hin und Zurück werden dienstrechtliche Bestimmungen zu Beförderungen umgangen.

DvD

Depp vom Dienst – er ist ganz unten in der Unternehmens-Hackordnung und muss all den Mist auslöffeln, der weiter oben in der Hierarchie verbrochen wurde. Auch bekannt als AfA, nämlich A**** für Alles (eigentlich im Steuerrecht das Kürzel für »Absetzung für Abnutzung«).

E

Egoshooter

Diesem Mitarbeiter ist jeder Einsatz für seine Kollegen und das Team völlig wesensfremd. Dafür drängelt er sich rücksichtslos in die erste Reihe, sobald es für ihn persönlich etwas zu holen gibt (siehe auch: → Aleinikow, → Xenomorph).

E-Mail-Ausdrucker

Kollegen, die ordnerweise ihren gesamten E-Mail-Verkehr ausdrucken und Schränke damit füllen. Intelligente Suchmöglichkeiten der E-Mail-Programme ersetzen sie durch panisches Blättern in den Ordnern; anstelle einer Weiterleitung der E-Mail erhält man Fotokopien mit handschriftlichen Anmerkungen. Urgs!

E-Mail-Exorzist

Kollege, bei dem die gesamte Elektropost verloren geht.

E-Mail-Postbote

Er kommt nach jeder Mail an einen Kollegen hinterhergelaufen, beginnt seine Begrüßung mit »Ich habe dir vorhin eine E-Mail geschickt« und erklärt dann ausführlich den Inhalt – wenn er die Mail nicht gleich vorliest.

Eingetragene(r) Lebenspartner(in)

Ironische Bezeichnung für andere Teammitglieder, mit denen man mindestens für die Dauer eines Projektes verbunden ist. Sie umflöten einander mit zuckrigen Liebesbekundungen (»Purzel, du bist das Pflaster auf meiner Seele« – »Schatzi, schenk mir ein Foto«).

Einzeller (auch: Amöbe)

Gehässige Bezeichnung für Kollegen, die nur sinnlose Kommentare ohne jeden Sachverstand abgeben.

Energievampir

Jemand, der Ihnen Zeit, Kraft und Nerven raubt und zuverlässig dafür sorgt, dass Ihr Elan rückstandsfrei verpufft.

Entsafter

Wenn Kollegen die Pest sind, sind Chefs die Cholera. Manche Vorgesetzte sind maßlos in ihren Erwartungen: Unmögliches sollten die Mitarbeiter schon letzte Woche erledigt haben, Wunder bis spätestens vorgestern. Den Feierabend und Wochenenden sieht so ein Boss nur als willkommenen Zeitpuffer für alles, was in der regulären Arbeitszeit nicht fertig wurde. Widerstand ist zwecklos: Einmalige Auflehnung quittiert er mit dem Entzug seines Wohlwollens, mehrmaliges Nein mit dem Entzug des Arbeitsplatzes. Burn-out-Gefahr? Papperlapapp. Für diesen Tyrannen ist Burn-out nicht mehr als eine Mischung aus Überforderung und schlechter Laune, die Angst vor der Erschöpfung das weit schlimmere Krankheitsbild (siehe auch: → Zitronenpresse).

Erlöser

Da scheint ein Hauch von Blasphemie mitzuschwingen, es ist aber lediglich der Beiname eines Managers mit dem Zuständigkeitsbereich Erlöse; er sucht zum Beispiel nach tragfähigen Erlösmodellen im Web. Gelingt ihm das, wird er mit einer Mischung aus drei Vierteln Achtung und einem Viertel Verachtung »Erlöser« genannt. Kann er die Heilserwartungen nicht erfüllen oder kapituliert vor der viel besungenen »Kostenloskultur im Internet«, wird er mit Schimpf und Schande vom Hof gejagt. Dann ist Platz für den nächsten Erlöser.

Etagenkellner

Unterabteilungsleiter.

Euer Flatulenz

Anrede für Firmenrepräsentanten mit besonders feudalem Herrschaftsstil, von der Nobelkalesche bis hin zu völlig überbesetzten Vorzimmern mit attraktiven Damen. Außer Prachtentfaltung (und Darmwinden) leisten sie aber rein gar nichts.

Excelbitionist

Für die einen ist es das nützlichste Tabellenkalkulationsprogramm des Universums, für die anderen eine schiere Bürofolter. Bilanzbuchhalter und Controller wissen Excel flink mit Daten zu füttern, dafür haben sie ihren Ruf als humorfreie Erbsenzähler und Sparkommissare weg. Wer es gar zu bunt treibt und ständig unnötige Tabellen und Charts in allen Farben baut, der gilt bald als »Excelbitionist«.

Excel-Verteiler

Reduziert alle Aufgaben auf das Ausfüllen von Excel-Dateien und verteilt diese per E-Mail.

UM MICH NACH UNSEREM KLEINEN DISPUT EBEN ABZUREGEN, HABE ICH IHNEN GERADE EINE MAßLOS UNVERSCHÄMTE E-MAIL GESCHRIEBEN, ABER KEINE PANIK: ICH HABE MICH BEREITS WIEDER IM GRIFF.
PING
DEATH ROW
GEOWALD

E wie E-Mails

Es ist eine üble Attacke auf jeden Insbürogeher: Am Montagmorgen Rechner an, Mail-Programm gestartet, in die Inbox gelugt – und schon krachen dem bis dahin grundlos fröhlichen Angestellten zweihundertfünfzig neue Mails ins Gesicht.

Wir haben Post. Arrgghh. Da sind sie wieder, die kleinen Zeitfresser: Ohne Unterlass rieseln sie in den Rechner, klackern ins Smartphone, schreddern die Geduld.

Wieder ist der übliche Spam durch alle Filter geflutscht. Mit vielsprachigen Offerten für Penisverlängerungen oder Fake-Uhren, mit Notrufen von Diktatorenwitwen, die partout nicht wissen, wohin mit den vielen Millionen – bitte gleich mal eine Überweisung klarmachen an die nigerianische Zentralbank, schon wird es Dollars regnen. Dazwischen mischen sich Reiseunternehmen, PR-Agenturen, Veranstaltungstrompeter. Die können etwas besser Deutsch als die Viagra-Dealer, sonst aber nicht viel, zum Beispiel nicht ihre Verteiler arbeitsweltkompatibel gestalten.

Klick, klick, klick, weg, weg, weg. Irgendwo in all dem Unrat lagern Mails, die beantwortet oder wenigstens zur Kenntnis genommen werden wollen. Und einige wenige Perlen.

Klar: Elektropost ermöglicht flinke und kompakte Kommunikation, ohne sie geht es in den meisten Berufen längst nicht mehr. Mit ihr aber auch nicht. Wer nur 100 Mails pro Woche erhält, kommt damit meist noch klar. Manche Menschen müssen aber weit mehr als 100 pro Tag ertragen, über 50 000 pro Jahr oder 2000 allein nach einem zweiwöchigen Urlaub.

Dazu braucht es ein robustes Gemüt – denn bevor man auch nur eine Mail beantwortet hat, fordert allein das Sichten Aufmerksamkeit und verschlingt Energie. Ein ewiger Kreislauf des Stumpfsinns. In ihrem Berufsleben verplempern Führungskräfte damit zusammengenommen drei kostbare Jahre, ergab eine europaweite Befragung des britischen Henley Management College.

Wer sortiert, verliert

Viele denken: Da geht doch was. Die Büroseuche E-Mail ist quasi ein technisches Problem. Also muss es dafür technische oder organisatorische Lösungen geben. Fünf Forscher haben sich im IBM-Auftrag näher damit beschäftigt, wie Mail-Empfänger versuchen, das Problem der täglich heranbrandenden Fluten in den Griff zu bekommen. Sie unterscheiden zwei Haupttypen:

- Die einen lassen die Mails einfach in ihre Inbox plumpsen und verzichten auf ernsthafte Sortierversuche. Um Informationen zu finden, verlassen sie sich außer auf ihr Gedächtnis vor allem auf die Suche – meist durch simples Scrollen durch den Mail-Eingang.

- Die anderen zeigen ein Verhalten, das professioneller, vielleicht auch nerdiger wirkt. Sie entwerfen komplexe Ordnerstrukturen und sortieren ihre Mails etwa nach Absendern, Dringlichkeit, Inhalten oder Betreff-Stichworten. Das Ziel: den Eingang überschaubar halten und relevante Mails schneller finden, möglichst auf einen Blick.

Die Mitarbeiter des IBM-Forschungsinstituts in San José (Kalifornien) beobachteten 345 erfahrene Nutzer bei insgesamt 85 000 Mail-Zugriffen. Das bemerkenswert eindeutige Ergebnis zeigt die Überlegenheit des Modells Sickergrube: Die Mails schlicht im Eingang zu belassen und bei Bedarf zu suchen, ist effizienter und spart Zeit. Wer sich dagegen ein ausgeklügeltes System aneignet, scheitert häufiger daran, wichtige Informationen zügig zu finden.

Dauerhafte Notwehr: »Ich versuche nicht abzusaufen«

Bei der Untersuchung entschied sich eine klare Mehrheit der Nutzer im Alltag für einen simplen Umgang mit den Mails, ohne großes Sortieren. Nur 13 Prozent legten eine eigene Ordnerarchitektur an. Doch der Aufwand zahlte sich nicht aus – im Gegenteil, sie brauchten mehr Suchzeit und arbeiteten weniger effizient. Als typischen Grund für ihre Mail-Strukturen nannten sie zum Beispiel: »Ich versuche nicht abzusaufen.« Denn ein überfüllter Mail-Eingang wirke wie eine To-do-Liste, also wie eine ständige Handlungsaufforderung, ein Druckinstrument, das puckernde schlechte Arbeitsgewissen. So ein Ordnersystem sei meist eine Reaktion auf die Mailflut, folgern die Forscher. Reine Notwehr sozusagen. Fälschlich werde oft angenommen, dass man gar keine Zeit mehr für den Aufbau von Ordnungsstrukturen habe, wenn man sehr viele Mails bekomme. Als sehr hilfreich werten sie gute Suchfunktionen und die Verdichtung von Informationen durch »Threads«, die Anzeige in Mail-Kaskaden. Von Nutzern dagegen kaum akzeptiert werde das Ordnen und Suchen durch Tags, also häufige Stichworte.

Software-Anbieter nähren die stete Hoffnung: Mit dem nächsten Update wird alles besser. Ganz bestimmt. Tatsächlich lösen neue Versionen oder Programme selten die alten Probleme, schaffen aber zuverlässig neue. Und die addieren sich zu denen, die Unternehmen intern zuverlässig selbst erzeugen: Wenn etwa eine IT-Abteilung sich stur an ein altertümliches Mailprogramm klammert, weil man schon so lange damit arbeitet und weil es schön bequem zu verwalten ist. Wenn alltagsuntaugliche Größenbeschränkungen verhängt, Spam-Mails nicht sinnvoll gefiltert, Nutzerbeschwerden konsequent ignoriert werden.

Nur noch 148 713 Mails checken …

Aber sind E-Mails vielleicht nur eine »Brückentechnologie«, die in den nächsten Jahren ohnehin abgelöst wird, wie manche Experten orakeln? Werden soziale Netzwerke und neue Dienste das Mail-Dauerfeuer löschen helfen? Auch per Facebook oder Twitter, Xing oder LinkedIn kann man persönliche Nachrichten verschicken. Telefon- oder Videokonferenzen ersetzen endloses Rundmail-Pingpong. Betriebsintern sind Instant-Messenger-Systeme eine flottere Alternative zu E-Mails, so wie Doodle bei der Terminfindung oder Firmennetzwerke bei der gemeinsamen Arbeit an Präsentationen und anderen Dokumenten.

Das schafft zunächst gefühlte Entlastung, kann aber bumerangmäßig zurückkommen. Denn wer sichergehen will, wirklich nichts zu verpassen, erhält am laufenden Meter Benachrichtigungen, wer sich wann wo gemeldet hat. Natürlich per E-Mail. Am Ende trudelt statt weniger noch mehr Elektropost ein.

Es hilft ja alles nichts: E-Mails sind gekommen, um zu bleiben. Sie gehen nicht mehr weg, sie werden keineswegs morgen oder übermorgen aussterben. Gegen das Schmerzgefühl der elektronischen Versklavung hilft nur ein kluger, gelassener Umgang – indem man sich selbst gut benimmt und darauf baut, dass andere das auch tun.

Re: Fw: AW: Re: WG: Antwort: So kann isch ned abbeide!

Zehn Tipps gegen den Mail-Kontrollverlust

1. **Das Grundrauschen minimieren:** Weg mit allen Abos, Infos von Online-Shops, Newslettern, die Sie nur selten lesen. Die Abbestellung ist oft ärgerlich umständlich, dieser Zeitaufwand lohnt sich nicht – besser verschieben Sie Mails von bestimmten Absendern oder mit immer gleichen Betreffzeilen automatisch in einen Ordner »Unerwünschte Mails«.

2. **Streng aussortieren:** Wenn Sie von einem Absender nicht mehr als ein- oder zweimal im Jahr sinnvolle Nachrichten erwarten, kicken Sie solche Mails ebenfalls automatisch in einen Ordner, den Sie höchstens einmal die Woche schnell scannen.

3. **Kein Pling-Terror:** Alle Arten von Mail-Benachrichtigungen, die sich akustisch melden oder auf dem Monitor aufpoppen, konsequent abschalten. Ignorieren Sie auch Mail-Prioritäten und -Zertifikate – die taugen zu gar nichts.

4. **Ruhezone:** Nur in wenigen kommunikationsintensiven Jobs muss man binnen Minuten auf Mails reagieren. Also muss man auch nicht minütlich die Mailbox checken. Wenn eine wichtige Aufgabe wartet: Konzentrieren Sie sich darauf. Im Sinne von: nur darauf. Richten Sie sich mailfreie Zeiten ein und halten sich daran. Dass der Mensch zum permanenten Multitasking fähig ist – nur Humbug.

5. **Einmaleins der Höflichkeit:** In E-Mails auf eine Anrede und eine Grußformel völlig zu verzichten, wird zumeist als schroff wahrgenommen. Es gibt auch keinen Grund, sie mit Rechtschreibfehlern zu bestreuen. Oder mit hässlichen Abkürzungen, Smileys, Web-Nervsprech.

6. **Weniger ist mehr:** Halten Sie bei eigenen Mails den Empfängerkreis so klein wie irgend möglich. Statt stets an alle zu antworten, wählen Sie die Adressaten präzise aus und verzichten auf überflüssige Cc-Mails (»Cc's sind wie Karnickel bei der Paarung«, so Chris Anderson, Chefredakteur der Zeitschrift »Wired«, in einem E-Mail-Knigge).

7. **Kurz fassen:** Kompakt und präzise schreiben; auch die Betreffzeilen (ohne eine Kette von »Re:«, »AW:«, »WG:«) knackig gestalten. Meist reichen dafür drei bis fünf Wörter – die passen auch noch in nur eine Zeile, wenn die Antwortmail eintrifft. Dann läuft man nicht so leicht in jene Falle, die ZDF-Moderator Claus Kleber gut kennt: »Ich habe die Manie, mein Postfach so zu halten, dass es auf den Schirm passt, also nicht überläuft«, sagte er dem »Zeit-Magazin«. »Ich brauche

einfach dieses Gefühl: Eine passt noch rein, dann ist es voll. Wahrscheinlich ist das irgendeine Fehlschaltung in meinem Gehirn.«

8. **Schlanker Fuß, aber nicht fußlos:** Am Ende der Mail mindestens die Telefonnummer angeben und die vorangegangene Kommunikation nicht abschneiden – das erspart lästiges Suchen. Denn niemand, den täglich Hunderte von Mails piesacken, kann die gesamte Vorgeschichte im Kopf behalten.

9. **Schreiben ist Silber, Reden ist Gold:** Stimmbänder sind ein Geschenk der Natur. Nehmen Sie es an. Als Kulturtechnik ist das direkte Gespräch unschlagbar und jeder E-Mail himmelweit überlegen. Erst recht, wenn Kollegen im Büro gleich nebenan sitzen.

10. **In your face:** Noch mehr gilt das bei Konflikten. Die sollte man persönlich ausräumen, also von Angesicht zu Angesicht oder hilfsweise am Telefon. Denn in Mails neigt man zu schärferen, sarkastischen Formulierungen – und jeder will das letzte Wort haben.

Jochen Leffers

F

Fahrplanauskunft
Wenn er einmal einen Plan gefasst hat, hält sich dieser Projektleiter sklavisch daran und verteilt dauernd Termin- und Aktivitätendetails an die Mitarbeiter.

Fallschirmspringer
Kollege, der wie aus dem Nichts auch in informelle Gespräche hineinplatzt, keine Sekunde abwartet und seinen Senf abgibt (siehe auch: → Tauchsieder, → Teebeutel).

Faxbezwinger
Kollege, der ständig Papierstau verursacht.

Fensterhocker

Über japanische Angestellte meint man in Europa manches zu wissen – dass sie nie vor dem Chef nach Hause gehen, den Feierabend vorzugsweise mit Kollegen in der Karaokebar verbringen, einen Großteil ihres Jahresurlaubs der Firma schenken. »Fensterhocker« (Madogiwa-Zoku) ist im japanischen Berufsleben eine Bezeichnung für Mitarbeiter ohne jede Perspektive. Oft sind sie vertraglich auf Lebenszeit bei ihrer Firma beschäftigt, bekommen aber keine Arbeit mehr zugeteilt, stattdessen einen leeren Schreibtisch mit

Fensterplatz. Nun wissen sie: Fortan werde ich hier nicht mehr gebraucht. Es ist eine Form der Frührente, der Bestrafung durch endlose Langeweile auch für Manager, die weder sinnvolle Aufgaben noch Beförderungen erwarten können und denen die Mitarbeiter entzogen wurden, für die sie zuvor verantwortlich waren (siehe auch: → Sterbehelfer).

Feuerlöscher

Führungskraft mit echtem Sachverstand, soll binnen kürzester Zeit eine desolate und über Jahre heruntergewirtschaftete Abteilung wieder auf Vordermann bringen – und es gelingt tatsächlich. Ein Quartal später rückt der Feuerlöscher wieder ab. Läuft es schlecht, lodern die Brandherde gleich wieder auf.

Fischertechniker

Ideale Beleidigung für technische Mitarbeiter.

Flatrate-Lutscher

Als einst die Deutsche Post sich noch jedes Telefonat als Monopolist vergolden lassen konnte, mussten unzählige Jugendliche ermüdende Diskussionen mit ihren Eltern durchstehen, wie lange ein Anruf dauern durfte. Heute verlegen Mitarbeiter längere Telefonate gern ins Büro. »Kost' doch nix«: Flatrate-Lutscher nutzen ihre Arbeitszeit vorwiegend für Privatgespräche.

Flatrate-User

Unbedarfter Mitarbeiter, der glaubt, alles über den PC zu wissen, aber nicht mehr als die linke Maustaste bedienen kann.

Flipper

An diesem Mitarbeiter prallen E-Mails unkontrolliert ab. Die eigenen Mails adressiert er selten an die richtigen Empfänger, viel häufiger an einen zu großen, willkürlich zusammengesetzten Kreis. Vertrauliche Mails, die nur für ihn bestimmt sind, spielt er über Bande: Bisweilen leitet er heikle Informationen an eine Riege von Kollegen und Vorgesetzten weiter – wenn es ganz schlimm kommt, dann auch an die gesamte Belegschaft oder sogar an Kunden. **TILT!** Game over.

Flunkerfunker

Pressesprecher eines Unternehmens.

Flüstertüte

Nicht jedem hat die Natur eine wohlklingende Stimme mitgegeben, mit der man sich auch bei mäßiger Lautstärke gut verständlich machen kann. In Großraumbüros gibt es immer auch Flüstertüten: Sie sprechen so laut, dass das Telefon mindestens innerbetrieblich entbehrlich wird (siehe auch: → Abteilungssirene, → Goldkehlchen, → Vuvuzela).

Flurdezernent

Einfacher, aber stimmgewaltiger Mitarbeiter, der im ganzen Haus zu hören ist, wenn er seine Tiraden im Flur von sich gibt. Sobald es ernst wird, wird er sehr schweigsam und verkriecht sich.

Folienfee

Der Bürogezeter-Einsender legt Wert darauf, dass es sich bei diesem Begriff ausnahmsweise um keine Schmähung handelt, ganz im Gegenteil um die Lobpreisung jener Referentin, die für den Vorgesetzten häufig Powerpoint-Vorträge erstellt. Bienenfleißig sammelt sie Daten, Statistiken, Informationen beispielsweise für Vorstandssitzungen, erntet dafür aber nie Anerkennung – die heimst selbstverständlich ihr Chef ein.

Frau Überschall

Schmähwort für eine Mitarbeiterin, die durch markant entschleunigtes Sprech-, Denk- und Reaktionstempo auffällt. Ein SPIEGEL-ONLINE-Leser sprach eine Kollegin einmal versehentlich am Telefon mit »Frau Überschall« an, sie verstand es allerdings zum Glück nicht. Zuvor hatte ein Kollege mit derselben Kollegin zu tun und wartete so lange auf ihre Antwort, dass er ins Großraumbüro raunte: »Die ist ja im neunten Monat, bevor sie Nein sagt.« Nicht sehr nett, räumt der Leser selbst ein.

Freizeit-Legastheniker

Ehemaliger Chef oder Kollege, der nichts mit seiner Freizeit anzufangen weiß und darum weit im Rentenalter immer noch glaubt, weiterarbeiten zu müssen. Besonders krass, wenn er im Management daran mitwirkt, Arbeitsplätze abzubauen.

Fressfeind

Die Nahrungssuche ist in der Natur eine ziemlich unfriedliche Beschäftigung. Nahezu alle Tierarten, soweit sie nicht vegetarisch leben, stressen beim Fressen, wenn sie nämlich andere Tiere als Beute verfolgen. Was tun, wenn der Fressfeind kommt? Flucht oder Selbstverteidigung, sich clever tarnen oder auch tot stellen wie das → Opossum – aber meist siegt am Ende doch das größere und stärkere Tier.

Auf das moderne Büroleben ist das nicht ohne Weiteres übertragbar. Auch hier sehen manche Menschen einen Widersacher als Fressfeind, der es auf ihren Job abgesehen hat. Doch anders als im Tierreich kann Kommunikation helfen. Oder der gefürchtete Gegenspieler entpuppt sich bei näherer Betrachtung als → Scheinriese.

Frischluftallergiker

Im Berufsleben gibt es Menschen, die ihres Lebens nicht mehr froh werden, wenn sie »im Zug sitzen«. Damit meinen sie keinen ICE und keine Regionalbimmelbahn, sondern zarteste Luftbewegungen im Großraumbüro. Die entstehen sofort, wenn jemand am anderen Ende des Stockwerks auch nur ein Türchen öffnet. Oder ein Fenster gar. Selbst im Hochsommer bei 32 Grad Raumtemperatur beginnen solche Sensibelchen emphatisch zu hüsteln, rollen die Augen und legen sich mit Leidensmiene den Schal um: kühle Luft, frische Luft, alles Gift für sie. Und wer will schon schuld sein an der üblen Sommergrippe, die sie garantiert übermannen wird?

Frischlufthysteriker

Im Berufsleben gibt es Menschen, die ihres Lebens nicht mehr froh werden, wenn sie »im Mief sitzen«. Damit meinen sie das, was ohne mindestens drei gleichzeitig geöffnete Fenster zwangsläufig entsteht. Die Freunde der Stoß- und Dauerlüftung nörgeln alle paar Minuten, dass es jetzt-aberwirklich-höchste-Zeit wird für eine gesunde Dosis Sauerstoff – selbst wenn es die abgasgeschwängerte Luft direkt von einer Hauptverkehrsader ist. Brutale 40 Grad plus oder knackige 20 Grad minus, das spielt keine Rolle. Scheitern Frischlufthysteriker partout mit ihren Appellen, nehmen sie ersatzweise Monsterventilatoren in Betrieb. Dann wehen Röcke hoch wie einst bei Marilyn Monroe über dem Luftschacht. Nur eben ohne Marilyn Monroe.

Frolic-Stanzer

Ist zu nichts anderem zu gebrauchen, als das Loch in die Frolic-Ringe (Hundefutter) zu stanzen (siehe auch: → Diplomperforator).

Frühheimkehrer

Stechuhren brachten den Kapitalismus so richtig in Fahrt: Seit über hundert Jahren mahnen sie Angestellte zur Pünktlichkeit, denn die Arbeitszeit gehört dem Chef. Inzwischen gibt es längst auch subtilere Formen der Kontrolle, aber nach einer Studie der Fachhochschule Furtwangen erfassen gut 70 Prozent der Betriebe weiterhin die Arbeitszeiten ihrer Mitarbeiter, ob mit Computer, Chipkarte oder weiterhin mit der guten alten Stempeluhr. Frühheimkehrer passen stets den richtigen Moment ab: Schon kurz vor Ablauf der Kernarbeitszeit warten sie an der Stempeluhr, um exakt pünktlich auszuchecken – sie schenken dem Arbeitgeber keine Sekunde (siehe auch: → Gleitzeitökonom).

Fugenmasse

Alternative Berufsbezeichnung für (Unter-)Abteilungsleiter mit viel Arbeit und wenig echter Verantwortung. Sie dürfen ihre Visitenkarte mit einem schicken neuen Titel schmücken, müssen aber noch mehr rackern als zuvor. In Wahrheit ist ihnen die Aufgabe zugedacht, die unübersehbaren Risse zwischen Kommandozentrale und gemeinen Mitarbeitern zu kitten. Wer in so einem Sandwich-Job unklug agiert, bekommt Druck von oben wie von unten und wird umstandslos zerrieben. Geht etwas schief, wird der Fugendichter gefeuert – nicht der, der wirklich etwas verbockt hat (siehe auch: → Etagenkellner, → Halbleiter).

Fußatmer

Er widerspricht niemals, denn der Chef hat immer recht. Und das sagt der Fußatmer dem Chef auch ausdrücklich.

Futterneider

Der Mensch kann nicht immer nur denken und schaffen, er muss auch essen. Darum gibt es die Mittagspause. Großunternehmen haben zwecks flotter Nahrungsaufnahme eine eigene Kantine, im Dunstkreis von kleineren Betrieben siedeln sich Pizzahütten, Dönerbuden oder Falafelstände an. Manche Angestellte sind dennoch so sparsam oder asketisch, dass sie jeden Morgen lediglich eine karge Scheibe Brot mit Salami in die Tupperdose packen. Neidisch schielen sie dann auf die Mittagsbeute schlemmender Kollegen: »Oh, das sieht aber gut aus … Gibst du mir was von deinem Sushi ab?«

F wie Fliegen

Nur Fliegen ist schöner, sogar schöner als alle anderen Berufe? Ach was. Für Flugbegleiter gilt das nicht zwingend. Vorn sitzt der Kapitän gemütlich im Cockpit und lässt abwechselnd den Ko- und den Autopiloten fliegen; hinten müssen Stewards und Stewardessen kindergärtnern und sich, viel schlimmer noch, mit pöbelnden oder angesäuselten Passagieren herumschlagen. Und dabei immer ein Lächeln auf den Lippen, immer vergnügt – sie sind sozusagen ganz vorn an der Front der Serviceberufe, reich wird man damit auch nicht gerade.

Wahrscheinlich neigen sie deshalb zur Unzufriedenheit mit ihrem Job; vielleicht wohnt deshalb auch so viel Aufsässigkeit in Flugbegleitern. Einst galt es als Traumjob zwischen Himmel und Erde, doch die Fünfzigerjahre sind längst passé.

Nicht jeder hält dem Kabinendruck dauerhaft stand. Die folgenden fünf Episoden zeigen, wie drastisch sich angestauter Jobfrust Bahn brechen kann: Wer wird denn gleich in die Luft gehen?

Rutschpartie: Zwei Bier und ein Sprung aus dem Flieger

Der Flugbegleiter Steven Slater, 38, erlebte im August 2010 einen besonders üblen Tag. Nach der Landung eines Fluges von Pittsburgh nach New York ignorierte eine Passagierin die Aufforderung, noch angeschnallt zu bleiben. Sie fingerte am Fach mit den Gepäckstücken, eines plumpste Slater auf den Kopf. Es kam zu einem Wortgefecht.

Slater hatte einen Atomhals, per Durchsage an die gesamte Kabine beschwerte er sich unflätig über Passagiere im Allgemeinen und diese Frau im Besonderen. »An alle, die mir in den letzten 20 Jahren Respekt entgegengebracht haben: Danke, es war eine tolle Zeit«, rief er übers Bordmikro, »an die Passagierin, die mich ›Motherfucker‹ genannt hat: Fuck you!« Dann sagte Slater »Das war's«, löste die aufblasbare Notrutsche aus, schnappte sich noch Dosenbier vom Getränkewagen und sprang hinaus in die Freiheit.

Prompt wurde Slater gefeiert, umschwärmt als Held und Vorbild für alle, die gern auch einmal so spektakulär ihren Arbeitsplatz verlassen würden. Dafür machte das neue Verb »Slatern« die Runde; 200 000 Fans versammelten sich auf seiner Facebook-Seite; eine Kopie seiner Uniform gab es sogar als Halloween-Kostüm zu kaufen. Es gab jedoch auch Passagiere, die sein Verhalten als wenig heldenhaft schilderten: Unhöflich bis grob habe er sich schon auf dem Flug benommen und den Streit mit der Gepäckfach-Frau selbst angezettelt.

Die Sache hatte ein Nachspiel. So eine Notrutsche ist nicht nur teuer, sie kann beim Herabfallen auch Menschen verletzen. Darum wurde der wütende Steward noch am selben Tag zu Hause festgenommen und vom Arbeitgeber suspendiert; später kündigte er selbst. Slater musste vor Gericht erscheinen, wegen vorsätzlicher Gefährdung von Passagieren, kriminellen Unfugs und Hausfriedensbruchs. Ihm drohte eine Haftstrafe von bis zu sieben Jahren. Am Ende kam er aber mit einer Geldstrafe davon: 10 000 Dollar muss er an die Fluggesellschaft zahlen und sich außerdem in psychiatrische Behandlung begeben.

Satirevideos: Öffentlich das Unternehmen verspottet

Über den eigenen Arbeitgeber sollte man sich eher nicht lustig machen. Jedenfalls nicht öffentlich. Schon gar nicht mit Filmen auf YouTube und anderen Webseiten, die weltweit jeder sehen kann. Gailen David tat es trotzdem. Und er hatte einen guten Grund: Der langjährige Flugbegleiter bei American Airlines musste wie viele tausend Kollegen zusehen, wie die Fluglinie in die Insolvenz steuerte. Damit setzte sich David in satirischen Videos auseinander.

Als »Aluminium Lady«, eine Parodie auf Großbritanniens »Iron Lady« Margaret Thatcher, spielt er eine frostige Managerin und schiebt zum Beispiel Plastikflieger über den Schreibtisch, um zu zeigen, wie man Arbeitsplätze einsparen kann – drei Flugbegleiter weniger pro Flugzeug, weg mit den Ruhezonen, und gleich passen mehr Passagiere hinein. Der smarte »Sky Steward« verliest auch einen echten Motivationsbrief des Managements an die Mitarbeiter. Und macht durch Tonfall und Mimik klar, wie lächerlich er den Inhalt findet.

Es ist Frust nach 24 Dienstjahren, es sind auch bittere Kommentare zur Firmenpolitik und zum Umgang mit den Angestellten. Das bereits bankrotte Unternehmen drohte David zunächst mit dem Rausschmiss und setzte ihn Mitte März 2012 dann tatsächlich vor die Tür. Damit hatte der Flugbegleiter ohnehin gerechnet, wegen der Insolvenz und der angekündigten Massenentlassungen. Auch nach seiner Kündigung zeigte er sich »hundertprozentig überzeugt, dass ich das Richtige tue«. Ihm gehe es um die »Rücksichtslosigkeit, die American Airlines ans Ende aller Bewertungen zu Service, Zuverlässigkeit und Wirtschaftlichkeit geführt hat«.

Verwirrt: Stewardess kündigt Flugzeugabsturz an

Für Passagiere, die mit Flugangst ringen, war das gar keine gute Nachricht: Das Flugzeug der American Airlines stand im März 2012 schon startbereit auf dem Flughafen von Dallas, gleich sollte es abheben in Richtung Chicago. Da übernahm eine Stewardess das Mikro und hielt eine wirre Rede über die Bordlautsprecher: Die Maschine habe ein technisches Problem, die Fluggesellschaft sei pleite, und an die Anschläge vom 11. September erinnerte sie auch – »Hey, Pilot, ich werde für den Absturz nicht die Verantwortung übernehmen«. Dann rief sie noch, das Flugzeug könne nicht starten, weil zu wenig Eis für die Getränke an Bord sei. Derweil rollte es bereits gen Startbahn, bis die Piloten stoppten und umkehrten.

Einige Passagiere reagierten panisch, andere halfen dem Personal dabei, die durchgedrehte Flugbegleiterin zu überwältigen, die um sich schlug und trat. In Handschellen führten Polizisten sie ab. Mit eineinhalb Stunden Verspätung und ausgewechseltem Kabinenpersonal hob das Flugzeug doch noch ab. Großzügig schenkte die neue Crew kostenlose alkoholische Getränke aus. Als man Chicago erreichte, sollen manche Passagiere ungewöhnlich beschwingt gewesen sein.

Verzwitschert: Warum eine russische Stewardess aus dem Job flog

Es war ein Desaster mit fast 50 Toten, es war auch ein Albtraum für die gesamte russische Luftfahrtindustrie. Im Mai 2012 startete ein Superjet 100, das neue Vorzeigemodell des

Herstellers Suchoi, zu einem Demonstrationsflug in Indonesien. Dann verschwand die Maschine vom Radarschirm – sie war an einem Vulkan zerschellt. Niemand an Bord überlebte.

Eine Stewardess der größten russischen Fluggesellschaft Aeroflot inspirierte das zu diesem Twitter-Kommentar:

> *»Huh? Ist ein Superjet abgestürzt? Hahaha! Dieses Flugzeug ist beschissen, schade, dass es nicht von Aeroflot war, dann wär's eins weniger.«*

Ihr Arbeitgeber zog sofort Konsequenzen und feuerte die Flugbegleiterin. Andere Twitterer hatten den Kommentar zuvor entdeckt und einen Screenshot an die Fluglinie geschickt. Die zwitschernde Stewardess entfernte zwar ihre Kommentare und löschte all ihre Seiten in sozialen Netzwerken, aber Aeroflot entließ sie umgehend.

Vibrator im Gepäck: Schreiben Sie jetzt nichts

Sind es denn immer Flugbegleiter, die sich sonderbar verhalten? Manchmal ist es auch das Bodenpersonal. In Newark entdeckte ein Kontrolleur der US-Flughafensicherheit TSA im März 2011 einen Vibrator im Gepäck einer Passagierin. Auf einen Zettel schrieb er mit schwarzer Tinte »Get your freak on girl« (etwa: »Lass es krachen, Mädel«).

Pech nur, dass er an eine feministische Bloggerin geraten war. Die New Yorker Rechtsanwältin war auf dem Weg nach Dublin, um dort einen Vortrag über Feminismus, sexuelle Übergriffe und Abtreibung zu halten. Die handschriftliche Bemerkung entdeckte sie im Hotel, veröffentlichte das Foto per Twitter und schrieb dazu: »Habe gerade meinen

Koffer ausgepackt und diese TSA-Notiz gefunden. Schätze, sie haben einen ›persönlichen Gegenstand‹ in meiner Tasche gefunden. Wow!«

Der Arbeitgeber entschuldigte sich sogleich für die »höchst unangemessene und unprofessionelle Notiz«, maßregelte den Mitarbeiter disziplinarisch und zog ihn von den Kontrollen ab. Gefeuert wurde er aber nicht. Darauf hatte es die Rechtsanwältin auch nicht abgesehen. Sie bewies sogar Humor: Natürlich sei der Zettel »total unangebracht«, sie fühle sich auch belästigt. Trotzdem habe sie sich im Hotelzimmer »totgelacht«. Und das Sexspielzeug dann »offiziell in den Ruhestand versetzt, weil ich keine Ahnung habe, was die TSA-Mitarbeiter damit angestellt haben«.

Jochen Leffers

G

Gackerlake

Man hört sie schon aus der Ferne: Statt sich ihren Aufgaben zu widmen, feixt, giggelt und prustet sie den ganzen Tag – und jeden Tag! – in einer Lautstärke, die empfindliche Ohren schädigen kann. Vorzugsweise quasselt sie über Kollegen und nur selten unter Verwendung von Fakten. Unklar, was den größeren Schaden anrichtet: die liegen gebliebene Arbeit oder die in Umlauf gesetzten Gerüchte.

Gaudidiktator

Organisator und Zeremonienmeister des Betriebsfestes.

Gehirnzellen-Diarrhoetiker

Jemand, dessen Gehirnzellen vornehmlich unnötige, unausgegorene und üble Gedanken durchfallartig ausschütten.

Gelegenheitspoet

»Wer führt denn heute Protokoll?« Und wenn jetzt alle noch so betreten auf das Teppichmuster starren oder im Terminkalender blättern – einen wird es beim Meeting erwischen. Der bekommt die Chance, sich literarisch auszuzeichnen.

Geradeausgucker

Lautstarke Telefonate, Streit unter Kollegen, Gewusel auf den Gängen – im Großraumbüro tost das pralle Leben. Und der Geradeausgucker? Guckt geradeaus. Den Feueralarm würde er überhören, einen Blitzeinschlag übersehen. Er ist immer voll bei der Arbeit und lässt sich von gar nichts ablenken.

Gesichtstaliban

Mit »Die absolute Härte sind Oberlippenbärte« landeten die Punks der Band Nasenpower Germany Ende der Achtzigerjahre einen kleinen Szenehit; die Kollegen von Elfmorgen schlugen später zurück mit »Das Leben ist hart ohne Oberlippenbart«. Zweifellos ist der Schnauzer alias Oliba aka Pornobalken oder auch Tote Maus eine schlimme optische Nötigung und völlig zu Recht beinah ausgestorben. Großflächigere Gesichtsbewaldung stand lange nur ostdeutschen Pfarrern und Sozialkundelehrern nahe der Pensionsgrenze zu. Inzwischen experimentieren damit auch Angestellte in der Spätpubertät oder in der Midlife-Crisis (was direkt ineinander übergehen kann), erst recht großstädtische Hipster, die zum obligatorischen Fussel- oder Vollbart schwarzrandige Brillen tragen: Das ist so individuell, das hat jetzt jeder.

Drohen solche Kollegen komplett zuzuwuchern, wird es Zeit für einen Ordnungsruf: »Gesichtstaliban« verfehlt selten seine Wirkung. Und ist die mildere Lösung im Vergleich zu »Mentaltaliban«.

Gettoblaster

Die ersten Handys hatten noch einen arg eingeschränkten Fundus an Klingeltönen. Heute ist die Auswahl gigantisch, von »Für Elise« in der Richard-Clayderman-Version bis zu »Hell's Bells« von AC/DC, besonders beliebt bei FC-St.-Pauli-Fans. Der Profitelefonierer hat je nach Anrufer eine reiche Auswahl verschiedenster Melodien eingespeichert. Und verwöhnt die Kollegen im Großraumbüro immer gern mit den neuesten Tönen.

Giftmüllfässchen

Ist fachlich zu nichts zu gebrauchen, macht aber durch äußerst giftiges Auftreten alle Kollegen im Umfeld krank. Für das Giftmüllfässchen findet sich einfach kein anderer Platz mit gleicher Gehaltsstufe – außerdem ist es politisch gewollt, Giftmüll langfristig einzulagern.

Gleitzeitökonom

Versteht die Möglichkeiten der betrieblichen Gleitzeit perfekt an seine privaten Interessen anzupassen. Sein Stift fällt um spätestens 16 Uhr. Den Abendhimmel hat er noch nie aus dem Bürofenster gesehen (siehe auch: Frühheimkehrer).

Glückskeks

Im Privatleben geht es nicht immer nur fröhlich zu, in der Arbeitswelt erst recht nicht. Empathie von Kollegen kann über Schicksals- oder berufliche Nackenschläge hinweghelfen – aber bitte nicht durch Instantweisheiten wie »Sieh doch mal das Positive« oder »Du musst deine Mitte finden«, die so ein Glückskeks vom letzten Stadthallenauftritt eines Motivationsgurus mitgebracht hat.

Ein Gegenmittel parat hat der junge Hamburger Kabarettist Nico Semsrott, der mit seiner Depri-Comedy vor allem bei Poetry-Slams auftritt: Er backt »Unglückskekse« (mit viel Fett, viel Mehl und unglücklichen Eiern als Zutaten). Seine Spezialkekse enthalten niederschmetternde Botschaften wie:

- »Beginne den Tag mit einem Lächeln, dann hast du's hinter dir.«
- »Freude ist nur ein Mangel an Information.«
- »Möge dein Leben eines Tages so schön sein, wie du es auf Facebook darstellst.«

Goldkehlchen
Kollegin mit aparter, durchsetzungsfähiger Stimme (siehe auch: → Abteilungssirene, → Flüstertüte, → Vuvuzela).

Gromo
Kürzel für Grobmotoriker: ein Kollege, dem eigentlich ein Pannendienst immer auf den Fersen sein müsste, weil er mit seinen zittrigen Händen ständig Kaffee verschüttet, in Sekundenschnelle den Beamer schrottet oder den Kopierer lahmlegt.

Großraumpartisan

Weil dieser Mitarbeiter am liebsten im Verborgenen kämpft, umgibt er sich mit möglichst vielen Kübelpflanzen und beschlagnahmt sie auch schon mal in der Nachbarschaft. Kein Grund zur Sorge – es sei denn, er erscheint eines Tages im Flecktarn und benimmt sich wie Chuck Norris.

UNSER BETRIEBSAUSFLUG GEHT INS MAISLABYRINTH.
LEOWALD

Grüßwunder

Mürrischer Kollege, der grundsätzlich nicht grüßt.

Gummifelsen

Mitarbeiter/Vorgesetzter, der nur scheinbar nachgibt, danach aber sogleich seine alte Form wieder einnimmt.

Gummihals

Fremdwörterkunde: Wissen Sie, was ein Ethnophaulismus ist? Nie gehört? Laut Wikipedia handelt es sich um »pejoratives exonymisches Ethonym« – hilft Ihnen jetzt auch nicht direkt weiter? Na gut: Es ist eine abwertende Bezeichnung für eine andere Volksgruppe. Solche Herabwürdigungen für Deutsche sind in Nachbarländern verbreitet. Österreicher nennen einen Deutschen gern Piefke, Franzosen Boche, Niederländer Mof; Engländer kennen den Kraut oder Fritz.

Und der Schweizer spricht vom Gummihals. Den Begriff gibt es bereits seit den späten Siebzigerjahren für ein Verhalten, das manche Schweizer im Arbeitsleben für typisch deutsch halten: Kommandiert der Chef, nickt der Deutsche beflissen und ausdauernd mit dem Kopf.

»Gummihals« (übrigens nicht verwandt mit dem durch die Wiedervereinigung geläufigen Wendehals), das ist noch eine zarte unter vielen harten Schmähungen. Seit Deutsche zum Studieren oder Arbeiten in die Alpenrepublik strömen (»Neue deutsche Welle«), sind dort die Ressentiments massiv gewachsen. Die Schweizer mit ihrem putzigen Akzent wirken auf Deutsche immer so freundlich und gemütlich, so angenehm entschleunigt – wer rechnet da schon mit kulturellen Konflikten? Aber das Bergvolk kann auch ganz anders, viel feindseliger: Deutsche gelten den Schweizern als zu laut, zu forsch, als arrogante »Ellbögler«. Häufig fangen sie sich Sprüche wie »Geht doch heim ins Reich«.

Zusätzlich befeuert wurden die wuchernden Animositäten 2009 durch einen verbalen Schlagabtausch zwischen Peer Steinbrück und Schweizer Politikern. Im Streit um die Jagd nach Steuersündern hatte der damalige Bundesfinanzminister der Schweiz erst mit der »Peitsche« gedroht, dann damit, man könne auch die »Kavallerie« ausreiten lassen, um »die Indianer« einzuschüchtern. Steinbrück wollte erreichen, dass die Schweiz auf Steuerfluchthilfe fortan verzichtet und sich nicht länger hinter dem Bankgeheimnis verschanzt, das der alpenländischen Wirtschaft blendende Geschäfte beschert. Dann stellte er die Schweiz auch noch, zusammen mit anderen Nachbarländern, auf eine Stufe mit Ouagadougou, der Hauptstadt von Burkina Faso. Prompt wurde er als »der hässliche Deutsche« beschrieben und mit Nazis verglichen.

Abseits von derlei Wildwestgepolter und vom Zwist um angekaufte CDs mit Steuersünderdaten steckt hinter alltäglicheren Anfeindungen auch Furcht vor der Kolonialisierung eines kleinen durch ein viel größeres Land (den »großen Kanton« im Norden). Die Schweiz lockt mit hohen Löhnen und niedrigen Steuern. Und auf dem Arbeitsmarkt rivalisieren die oft gut ausgebildeten Einwanderer mit den Einheimischen um besonders attraktive Jobs, etwa an Kliniken und Universitäten, als Banker oder Unternehmensberater.

Gummirücken

Mitarbeiter mit besonders elastischem Rückgrat in Konfliktsituationen.

G wie Gadgets für Kollegenhasser

Heute gehen Ihnen die Kollegen besonders heftig auf den Anker? Genervt sind Sie, sauer, mit der Gesamtsituation unzufrieden? Sie lauern auf eine Gelegenheit, Ihrem Frust über das ewige Bürogezicke Luft zu machen? Und in Ihnen wohnt sowieso ein kindischer Spieltrieb?

Dann schlagen Sie doch zurück, aber richtig. Mit Nervzwerg, Steinschleuderstift oder USB-Raketenwerfer. In Online-Kuriositätenshops findet sich immer eine Lösung – zehn Einkaufstipps für Kollegenhasser.

Kaffee ablassen: Tasse mit Stöpsel

Wenn Sie in die Büroküche kommen, sind immer alle Tassen weg? Und Ihr Lieblingsstück haben Sie schon wieder auf dem Schreibtisch der Kollegin gesichtet, dieser → Kaffeetassenannektiererin – oder mit dunklen Rändern in der Spüle? Dann wird es Zeit, den Stöpsel zu ziehen. Den Tassenstöpsel. Ohne den ist diese Tasse so nützlich wie eine Kaffeemaschine ohne Kaffeepulver (gesehen bei getdigital.de, 23 Euro).

- *Geeignet für:* abgebrühte Kollegenhasser.
- *Passender Spruch dazu:* »Hast du dich verbrannt?«
- *Pluspunkt:* Nie, nie, nie wieder wird jemand Ihre Tasse mopsen.
- *Nachteil:* Es ist nur eine Frage der Zeit, bis Sie den Stöpsel verlieren.

USB-Stick für Witzbolde: **PC Prankster**

Prankster heißt auf Deutsch Witzbold. Dieser USB-Stick hat nichts als Unsinn im Sinn: Speichern kann er gar nichts, aber zum Beispiel den Mauszeiger über den Bildschirm rasen lassen, die Tastatur sperren oder wirre Texte schreiben. Der Hersteller verspricht, dass der Stick keine Dokumente schließt, löscht und auch die Festplatte nicht zerstört – und dass der Spuk endet, sobald man den USB-Stick entfernt (gesehen bei sowaswillichauch.de, 28 Euro).

- *Geeignet für:* den Einsatz gegen Tastenhauer.
- *Passender Spruch dazu:* »Lass mich mal gucken.«
- *Pluspunkt:* Wenn Sie's geschickt anstellen, können Sie sich auch noch als Retter in der Not präsentieren – einfach den Stick heimlich herausziehen, dabei viel wirres Computerkenner-Zeug reden und auf der Tastatur herumklimpern. Schon funktioniert wieder alles.
- *Nachteil:* Wenn Sie sich ungeschickt anstellen, beschlagnahmt der Kollege Ihren PC Prankster – und sobald der nächste Computervirus in der Firma grassiert, steht der Schuldige schon fest: Sie.

Gegen Mitesser: **Frühstücksbeutel mit Schimmel**

Mit der Anti-Diebstahl-Plastiktüte ist Ihr Pausenbrot nicht nur frisch verpackt, sondern auch vor hungrigen Kollegen geschützt. Aufgedruckte Schimmelflecken lassen die Stulle so richtig alt aussehen. Alternativ können Sie natürlich auch die Pausensnacks der anderen hineinpacken – und sich über angewiderte Blicke freuen (gesehen bei thinkofthe.com, 6 Euro).

- *Geeignet für:* Leute, die um ihr täglich Brot fürchten.
- *Passender Spruch dazu:* »Schimmelkäse mag doch auch jeder.«
- *Pluspunkt:* Die Schimmelflecken sehen nicht nur auf Broten gut aus, sie schmücken jeden Pausensnack, der gammeln kann.
- *Nachteil:* Sie müssen Ihr Brot ab nun heimlich auspacken und schnell aufessen, bevor die Kollegen hinter den Schwindel kommen. Außerdem könnten Sie aus Versehen ein wirklich schwer verschimmeltes Brot verschlingen.

Für Schwarzseher: Tastatur ohne Schrift

Diese Tastatur schreibt alles, was man so auf einer Tastatur schreiben kann – sofern man weiß, wo welche Taste ist. Falls Ihr Kollege auf die Drei-Finger-Methode in Kombination mit dem Adler-Suchsystem schwört, dürfte diese Tastatur ihn geradewegs in den Wahnsinn treiben. Einfach an seinen Rechner anstöpseln, die alte Tastatur gut verstecken – und warten (gesehen bei getdigital.de, 23 Euro).

- *Nicht geeignet für:* Sekretärinnen. Und alle anderen, die mit zehn Fingern schreiben, ohne auf die Tasten zu sehen.
- *Passender Spruch dazu:* »Wie ging noch mal das @?«

- *Pluspunkt:* Von führenden Schreibmaschinenkurs-Volkshochschullehrern empfohlen.
- *Nachteil:* Sobald Ihr Kollege blind schreiben kann, ist der Witz weg.

Mit dem Zimmerhurrikan zum Bad Hair Day: Airzooka

Sieht aus wie ein Papierkorb mit Pistolenschaft, ist aber eine Luftkanone: die Airzooka. Sie schießt Luft. Und zwar so viel Luft, dass im Büro noch in zehn Meter Entfernung alle Papiere herumwirbeln. Das Prinzip der Kanone ist simpel: Sie ist innen hohl und hat am Ende eine Folie, die man mit einem Gummizug spannen kann. Lässt man los, tost ein Luftstoß über den Schreibtisch Ihres Kollegen – oder durch seine akkurate Frisur (gesehen bei megagadgets.de, 20 Euro).

- *Geeignet für:* den Einsatz gegen → Volltischler.
- *Passender Spruch dazu:* »Der Out-of-Bed-Look soll ja jetzt total angesagt sein.«
- *Pluspunkt:* Selbst wenn der Kollege in → Schnappatmung verfällt, geht Ihnen nie die Munition aus. Und anders als beim Fensteröffnen können Sie die Luftstöße gezielt auf einen Schreibtisch richten, statt auf stürmische Tage zu warten.
- *Nachteil:* In der Hand halten Sie einen Papierkorb mit Pistolenschaft.

Back to the roots: **Steinschleuder-Bleistift**

Der Steinschleuder-Bleistift ist, surprise surprise: eine Steinschleuder mit integrierter Bleistiftmine. Laut Hersteller ist jeder Stift »aus einem echten Zweig gefertigt« und hat daher Unikat-Charakter. In der Mitte des Gummis ist ein Stück Leder befestigt, um den Abschuss zu erleichtern. Als Munition empfehlen sich Papierkugeln. Und zwar nur Papierkugeln – alles andere könnte leicht ins Auge gehen (gesehen bei megagadgets.de, 7 Euro).

- *Geeignet für:* den Einsatz gegen Bürogoliaths.
- *Passender Spruch dazu:* »Ich war's nicht, der war's.«
- *Pluspunkt:* Die ideale Retro-Waffe für arme Schlucker.
- *Nachteil:* Man könnte Sie für einen Geizhals halten. Oder einen armen, einfallslosen Schlucker, der sich keine Hightech-Bürowaffe leisten kann. Oder für einen ewigen Pennäler, einen Lümmel von der ersten Bank, einen Tölpel mit Stromberg-Gefahrenpotenzial.

Bellen, furzen, miauen: **Der Nervzwerg**

Der Nervzwerg macht seinem Namen alle Ehre: Er ist kaum größer als eine Euromünze und extrem nervig. Er piept, miaut, bellt, pupst, zirpt oder lacht in vier verschiedenen Lautstärken – in unregelmäßigen Abständen von 30 Sekunden bis zu zwei Minuten. Einmal im Büro versteckt, werden es Ihre Kollegen schwer haben, das Minigerät zu finden. Selbst der Hersteller warnt: »Die Auswirkungen können enorm sein und bei psychisch labilen Menschen zu ernsthaften Schäden führen.« Schreiben Sie sich das gleich mal hinter die Ohren (gesehen bei getdigital.de, 13 Euro).

- *Geeignet für:* perfide Büroteufel.
- *Passender Spruch dazu:* »Ich höre nichts.«
- *Pluspunkt:* Auch psychisch stabile Menschen leiden.
- *Nachteil:* Wenn Sie im selben Büro sitzen wie Ihr Opfer, wird es für Sie ebenfalls ein harter Tag.

Zielsicher: USB-Raketenwerfer mit eingebauter Webcam

Mit dem USB-Raketenwerfer zeigen Sie Ihren Kollegen, wer wirklich mächtig ist im Büro. Die vier Schaumstoffraketen fliegen bis zu acht Meter weit und können sogar via Internet ferngesteuert werden. Die Abschussrichtung kann man vertikal um 45 Grad und horizontal um 315 Grad drehen. Alles, was Sie brauchen, ist ein USB-Anschluss. Das 1,30 Meter lange Kabel bietet viele Möglichkeiten, den Raketenwerfer günstig zu platzieren (gesehen bei getdigital.de, 60 Euro).

- *Geeignet für:* echte Bürokrieger.
- *Passender Spruch dazu:* »Hasta la vista, Baby!«
- *Pluspunkt:* Sie müssen nicht einmal im Büro sein, um die Raketen abzufeuern.
- *Nachteil:* Sie müssen auf dem Boden herumkriechen, um die Raketen wieder einzusammeln.

Countdown zum Ausraster: **Panikknopf**

Sie sind höllisch genervt. Von Ihrem Boss. Ihren Kollegen. Ihrem Computer. Von allem. Am liebsten würden Sie jetzt einfach losbrüllen. Dann machen Sie das doch! Jetzt oder nie, Hysterie: Einmal auf den Panikknopf hauen, und schon zählt eine Stimme den Countdown – »Begin panic sequence in three … two … one …« Damit Sie Ihren Stress richtig eindrucksvoll ablassen können, liefert der Panikknopf den Schrei gleich mit. Mitbrüllen erhöht den Effekt (gesehen bei getdigital.de, 13 Euro).

- *Geeignet für:* Büroneurotiker.
- *Passender Spruch dazu:* »Ahhhhhhhhhhhhhhh!«
- *Pluspunkt:* Schon die schiere Existenz des Panikknopfes lässt Hysteriker ruhiger atmen.
- *Nachteil:* Je intensiver Sie den Panikknopf nutzen, desto häufiger müssen Sie die Batterie wechseln.

Hast du mal was zum Schreiben? **Elektroschock-Kuli**

Der Chef macht Ansagen – und Sie können wieder mal nichts notieren, weil Ihre Kollegen alle Stifte eingesackt haben? Dann reichen Sie doch beim nächsten Mal diesen Kugelschreiber, wenn Sie jemand um einen Stift bittet. Drückt man oben auf den Knopf, sendet er einen Elektroimpuls, gespeist aus vier Knopfzellenbatterien. Shocking. Schreiben kann man mit dem Kuli auch. Aber nur, wenn man unten dreht (gesehen bei getdigital.de, 7 Euro).

- *Auf gar keinen Fall verwenden bei:* Kollegen mit Herzschrittmachern.
- *Passender Spruch dazu:* »Was ist denn?«
- *Pluspunkt:* Es tut wirklich weh.
- *Nachteil:* Die Gefahr ist groß, dass Sie selbst einmal den falschen Knopf drücken.

Verena Töpper

H

Habenwirnicht und Kriegenwirnicht

Das dolle Duo, oft ein Groß- und Einzelhandelskaufmann und ein BWLer: die liebenswerten Kollegen im operativen und strategischen Einkauf.

Habibitelefonierer

Dauertelefonierer mit Dialekt, den keiner versteht.

Heftling

Kollege, der nix kann, außer den Heftapparat zu bedienen (siehe auch: → Frolicstanzer, → Diplomperforator).

Hähnchen

Es ist eng, es ist laut, alle rennen wild durcheinander – manche Großraumbüros ähneln Hühnerställen. Das Hähnchen glaubt: Wer am lautesten kikeriki macht, steigt schnell auf in der Hackordnung (siehe auch: → H wie Hühnerhof).

Halbhirn
Servicekraft eines großen Telekommunikationsunternehmens, weil sich dort Gerüchten zufolge immer zwei Mitarbeiter ein Gehirn teilen müssen.

Halbleiter
Kann nicht, wenn er leiten darf. Darf nicht, wenn er leiten kann (siehe auch: → Etagenkellner).

Handbuchpragmatiker
Kollege, der lediglich über angelesenes Wissen verfügt.

Heißluftgebläse
Mitmenschen, die stundenlang inhaltslos reden können (siehe auch: → Luftpumpe, → Windmaschine).

Helga!
Arbeiten Sie in einem Großraumbüro, einem WIRKLICH großen? Dann sehen Sie sich einmal in Ruhe um. Vielleicht sitzen ringsum überwiegend Menschen in den Zwanzigern und Dreißigern, vielleicht haben einige von ihnen einen schweren Musik-Spleen, und manche erscheinen sogar in einem ausgeleierten Rockband-T-Shirt zur Arbeit. Und keine von den Kolleginnen heißt Helga. Dann rufen Sie doch jetzt mal »Heeelgaaaa!« Und schauen, ob etwas passiert.

Who the f*** is **Helga**? Es ist eine Art Running Gag, den viele Musikfreunde kennen: Auf Konzerten und vor allem bei Festivals gibt es seit vielen Jahren das Ritual, dass irgendwer den **»Helga!«**-Ruf anstimmt und andere selbst in großer Entfernung einstimmen. Leicht kann die **»Helga!«**-Welle stundenlang wogen, auch beim Auftritt des Headliners, was schon so einige mit diesem Ritual nicht vertraute Musiker nachhaltig irritiert haben soll.

Wann und wo genau es losging mit **»Helga!«**, darüber ist die Fachwelt uneins, vermutlich vor gut 20 Jahren bei einem der einschlägigen Festivals wie Rock am Ring, Roskilde, Wacken oder Scheeßel. Ein Besucher soll lautstark nach seiner Freundin geschrien haben, andere fanden das spaßig und machten mit. In der »taz« behauptete 1999 ein Bremer Programmierer, er sei der Erste gewesen, weil ihn die Rufe an eine Szene aus dem ersten »Rocky«-Film mit Sylvester Stallone erinnert hätten, »wo Rocky mit verklebten Augen und zugeprügelt im Ring steht und nach seiner Frau ruft: ›Adrian!‹« Wahrscheinlich war das dreist geflunkert, andere Festivalbesucher jedenfalls erklärten diese Version sogleich zur Legende.

Wie auch immer, **»Helga!«** ist seitdem ein Mitmachspiel bei kleinen und großen Festivals, zum Missvergnügen von Campern, die lieber schlafen wollen. Manchmal wird der Ruf mit **»Helga ist tot!«** beantwortet; es wurden auch schon aufblasbare Gummipuppen mit einem **»Helga!«**-Schild um den Hals gesichtet. Unter diesem Namen kümmert sich zudem ein Festivalservice um »schickes Campinggedöns«, mit dem Motto »Helgaa besorgt es dir« und »Helgaa schleppt für dich« (aber auch: »Helgaa ist nicht deine Mudda«).

Der **»Helga!«**-Ruf im Großraumbüro ist einen Versuch wert, als Sozialexperiment, auch als eine Art Mutprobe. Wenn die Kollegen Sie nur verständnislos anschauen: Halb so schlimm, dann haben Sie sich eben mal zum → Horst gemacht.

Heulboje
Scheint draußen die Sonne, ist es ihnen zu windig. Laufen die Geschäfte der Firma blendend, sehen sie am Horizont nur die künftigen Risiken – und das nächste Projekt, das wird doch garantiert ein Fiasko. Manche Kollegen haben sich tief im Schmollwinkel verkrochen und bei jeder Gelegenheit etwas zu beklagen.

Heuschrecke
2005 debattierte ganz Deutschland über Heuschrecken, nachdem der damalige SPD-Vorsitzende Franz Müntefering scharfe Kapitalismuskritik an skrupellosen Finanzinvestoren geübt hatte: »Sie bleiben anonym, haben kein Gesicht, fallen wie Heuschreckenschwärme über Unternehmen her, grasen sie ab und ziehen weiter.«

Gemünzt war das auf Hedge-Fonds und Private-Equity-Gesellschaften. Im ganz normalen Arbeitsleben sind Heuschrecken harmloser: Auf Betriebsfesten plätten sie das Büffet binnen weniger Minuten, an Geburtstagen räumen sie ruck, zuck den Kuchen und die obligatorischen Süßigkeiten ab.

His Master's Voice
Redet, wie der Chef denkt.

Honk
Helfer ohne nennenswerte Kenntnisse (oder auch: Hauptschüler ohne nennenswerte Kenntnisse).

Horst

Mitschüler-Namen wie Max und Moritz, Josefine und Charlotte haben manche Jugendliche vor 20 Jahren noch bespöttelt, wegen des seltsam altertümlichen Klanges. Heute sind sie Eltern und nennen ihre eigenen Kinder so – diese Vornamen tauchen alle in den Hitlisten der Nullerjahre auf. Chancenlos und nicht einmal in den Top 200 sind dagegen großväterlich-plumpe Namen wie Ernst oder August. Und erst recht: Horst.

Wer tatsächlich so heißt und keinen wohlklingenderen Zweitnamen nach vorn rücken kann, ist gekniffen und zuckt zusammen, wenn ein Arbeitskollege in der Kantine trompetet: »Ich mach mich doch nicht zum Horst!« Denn Horst gilt lange schon als Synonym für Trottel, Steigerungsform »Vollhorst«, ähnlich wie bei Vollpfosten und Vollfrosch.

Für Normalmenschen steht der Normalhorst ungefähr für einen konservativen, etwas korpulenten Audifahrer in den Spätfünfzigern, der gern grillt, die Duzmaschine Waldemar Hartmann für einen Spitzenmoderator hält und sich in melancholischen Momenten eine DVD mit den schönsten Formel-1-Triumphen Michael Schumachers gönnt. Positiv horstige *Role Models* gibt es kaum, nur Seehofer und Hrubesch, Schlämmer und Schimanski.

Bei echten Hottes keimte kurz Hoffnung, als Horst Köhler Staatsoberhaupt wurde und in den Medien viel vom »Bundeshorst« oder gar vom »Superhorst« geraunt wurde. Allein, es war nicht von Dauer, bald zog sich Köhler politikverdrossen aus dem Schloss Bellevue zurück, weil er den »notwendigen Respekt vor meinem Amt« vermisste. Schluss mit Superhorst. Es war der erste deutsche Bundespräsident, der zurücktrat; wenig später stürzte gleich der nächste über sein absolutistisches Staatsverständnis. Joachim Gauck, aktuelles Staatsoberhaupt, wird im Freundeskreis übrigens → Jochen genannt.

Hotlinehostess
Kollegin, die Kunden am Telefon völlig Unhaltbares verspricht, nur um sie loszuwerden.

Hubschrauber
Fliegt ein, wirbelt Staub auf, fliegt wieder ab – zum Beispiel → CEO zu Besuch bei der Tochterfirma.

Human Firewall
Bei Assistenten oder Sekretärinnen ist es oft der undankbare Teil ihres Jobs, die Vorgesetzten von minder wichtigen Anfragen abzuschirmen. Darum werden sie → Abfangjäger, → VoZiDra, → Zerberus oder auch, neudeutsch, »Human Firewall« genannt: An ihnen vorbeizukommen ist nahezu unmöglich.

Hundertsassa
Subtile Herabwürdigung eines selbst ernannten Multitalents, eines Tausendsassas.

H wie Hühnerhof

Das Huhn wird in der modernen Managementliteratur unterschätzt. Man möchte gar nicht so genau wissen, was es den ganzen Tag treibt, in seiner Legebatterie oder seinem artgerechten Biohühnerstall. Lieber nimmt man sich Delfine zum Vorbild. Oder Wölfe und Ameisen mit ihrer famosen Schwarmintelligenz.

Dabei sind die Hühner viel näher dran an den Problemen, mit denen wir es täglich im Büro zu tun haben. Vor allem, wenn es sich um ein Großraumbüro handelt, das einer Legebatterie gleicht. Hier stößt man mit Schwarmintelligenz und Delfinstrategien sehr schnell an Grenzen. Viel mehr kommt es darauf an, einen passablen Platz in der Hackordnung zu ergattern und gegen alle Anfeindungen zu verteidigen. Das gilt erst recht in Betrieben mit sogenannten »flachen Hierarchien«: Dort schützen einen keine Stellenbeschreibung, keine Weisungsbefugnis. Wer was zu sagen hat, entscheidet sich im Berufsalltag. Ganz wie bei den Hühnern.

Das führt uns zum Prinzip der Hackordnung. Die lässt sich auch im Büro kaum vermeiden. Sie bildet sich ganz von allein, ohne dass es Ihnen auch nur bewusst wird. Bereits die Art, wie Sie am ersten Arbeitstag durch die Tür kommen, hat Einfluss darauf, ob man Sie eher oben oder unten einordnet. Tendenziell starten Neulinge aber eher unten – im Büro wie im Hühnerstall. Erst allmählich steigen wir auf. Oder auch nicht.

Dresche für den überambitionierten Grünschnabel

Die Hackordnung darf mit der offiziellen Hierarchie nicht verwechselt werden. So gibt es Vorgesetzte, die zwar den ganzen Tag lang gackern, aber nicht viel zu melden haben – ganz anders als gerade die alteingesessenen Bürohühner. Allerdings bleibt die Hackordnung nicht starr. Jeder kann sie umwerfen, er muss sich nur gegen einen ranghöheren Kollegen durchsetzen. Gegen dessen erklärten Widerstand, versteht sich.

Wenn das nicht gelingt, ist das auch nicht schlimm, wie ein Blick auf den Hühnerhof lehrt. Die jungen Hähne halten es nämlich nicht anders. Bevor so ein Nachwuchshahn die Spitzenposition erobert, bekommt er es erst einmal mit den Althennen zu tun. Unvermittelt greift er sie an, bevorzugt morgens, nach dem altbewährten Strategenrezept. Einige Hennen kapitulieren sofort, auch wenn sie dem kleinen Hahn körperlich überlegen sind. Andere lassen sich auf den Kampf ein und geben dem überambitionierten Grünschnabel gewaltig Dresche.

Doch der lässt sich davon nicht beeindrucken. Weil er immer wieder die Auseinandersetzung sucht und auch körperlich zulegt, gibt irgendwann die stärkste Henne auf. Ist jemand in Ihrer Firma charakterlich ähnlich strukturiert, so haben Sie die Wahl: Machen Sie ihn zur Nummer eins, oder werfen Sie ihn raus. In beiden Fällen haben Sie augenblicklich Ruhe.

Lernen von den fetten Hennen

Aber was die Hühner für das Management erst richtig interessant macht, kommt jetzt: Ganz wie die Mitarbeiter werden ja auch die Hühner nicht einfach so gehalten, sagen wir, aus reiner Tierliebe. Sie müssen etwas leisten, nämlich möglichst viele dicke Eier legen. Das Ergebnis zählt, sagen die Fachleute.

Nun ist es bei den Legehennen nicht anders als in vielen Betrieben. Diejenigen mit den besten Zahlen sind charakterlich nicht immer die angenehmsten Zeitgenossen. Rücksichtslos sind sie, sorgen für Stress, vergiften das Betriebsklima. Nicht schön, aber was will man machen? Sie sind nun mal die Leistungsträger hier.

Und so werden sie gefördert, während man ihre behäbigeren Kollegen möglichst loswerden möchte. In der Hühnerzucht kann man sie buchstäblich aussortieren. Dann dürfen sich nur die leistungsstärksten Hennen fortpflanzen. Ihr aggressives Naturell wird in der Legebatterie durch Medikamente gedimmt – beinahe wie in Unternehmen, die bissigen Top Dogs sogenannte Soft Skills antrainieren.

Gutmütige Minderleister, legefaule Stimmungskanonen

Allerdings hat diese Methode einen überraschenden Nachteil. Sperrt man die besten Hühner zusammen und betreibt eine rigorose Auslese, legen sie insgesamt weniger Eier als vorher. Denn sie machen sich gegenseitig das Leben zur Hölle.

Darum hatte der Biologe William Muir in den Achtzigerjahren eine andere Idee: Er baute Ställe, in denen jeweils zwölf Hennen Platz hatten. Statt aus jedem Stall das legefreudigste Huhn weiterzuzüchten, schaute Muir nach: In welchem Stall werden die meisten Eier gelegt? Diese zwölf Hennen durften ihre Eigenschaften an die nächste Generation weitervererben – also auch die gutmütigen Minderleister und die legefaulen Stimmungskanonen.

Nach sechs Generationen war Frieden in die Hühnerställe eingekehrt: Die Hennen lebten nicht nur länger, sie legten auch insgesamt zweieinhalbmal so viel Eier. Außerdem hatten sie ihr äußeres Erscheinungsbild verändert: Aus den zerzausten, gestressten Legemaschinen waren rundliche, gemütliche Hühner geworden.

Aber die Sache mit der Hackordnung, die haben auch die dicken Hühner niemals aufgegeben.

Matthias Nöllke

1

Impulsarbeiter

Manche Angestellten reagieren generell nicht auf E-Mails. Ans Telefon gehen sie ebenfalls ungern und benötigen erst einen extrastarken Impuls, um sich in Bewegung zu setzen. Grobschlächtige Charaktere sprechen auch vom »Tritt in den Hintern«. Meist ist der Impuls nicht von Dauer, das Trägheitsgesetz macht bei der nächsten Aufgabe einen neuerlichen Impuls notwendig.

Industrieschauspieler

Ahnungslose Führungskraft, die ihre Unwissenheit mit selbstherrlichem Auftreten überspielt.

Insolvenzbeschleuniger

Manager aus der Vorstandsetage, der aufgrund seiner Führungsqualitäten nach Kräften zu enormen Verlusten eines Unternehmens beiträgt – durch seine Arbeitsweise richtet er mehr Schaden an, als er Nutzen stiftet.

Intelligenzallergiker
Inkompetenter, steindummer Mitarbeiter.

Intelligenzamöbe
Häufig anzutreffende Einzellerart, wenn es um das Verstehen einfacher Abläufe geht.

Irooc
Die Frage, woher er denn das Personal für ein neues Projekt nehmen wolle, beantwortete der Manager eines großen Software-Unternehmens so: »Get enough Iroocs.« Es ist das Kürzel für Idiot right out of college. Wer frisch von der Uni auf seiner ersten Stelle in einem Unternehmen anheuert, genießt eigentlich, so ist es guter Brauch, für ein paar Wochen oder Monate Welpenschutz. Junge Akademiker beginnen manchmal theorieverdorben und mit schwacher praktischer Grundierung (siehe auch: → Diplomstümper), also müssen sie sich erst einmal zurechtfinden.

J

Jäger und Sammler

Historisch steht der Begriff Jäger und Sammler für Völker, die sich nicht durch Landwirtschaft ernährten, sondern Wildtiere erlegten und als Sättigungsbeilage Pflanzen sammelten. Manchen Büromenschen gelingt es spielend, dieses steinzeitliche Verhalten auf das moderne Büroleben zu übertragen: In ihren Aktenschränken und Regalen horten sie Schriftwechsel, Prospekte, alte Infos aller Art. Das Gilb-Zeug ist jahrzehntealt und richtet keinen großen Schaden an, verspricht aber auch keinerlei Nutzen mehr. Es frisst eben Platz. Und wird zum Grauen, sobald solche Rümpelbüros vom Nachfolger übernommen werden (siehe auch: → Volltischler, → Kompostverweser).

Jeans-Management

Bewährte Praxis in Führungsetagen: An den wichtigsten Stellen sitzen die größten Nieten (siehe auch: → Management by Mumpitz).

ZUR VERBESSERUNG DES BETRIEBSKLIMAS STATTEN WIR UNSERE FIRMENWAGEN JETZT SERIENMÄSSIG MIT VIER LENKRÄDERN AUS.
LEOWALD

Jedi-Ritter

Willkommen zur Präsentation: Wenn der Präsentator wie wild mit dem eingeschalteten Laserpointer herumfuchtelt, ist er sicher ein Jedi-Ritter.

Jochen

Wer mit dem Vornamen Jochen zu einer Dienstreise ins Ausland aufbricht, sollte sich zügig einen Spitznamen zulegen, Jay oder Joe oder so – kein Brite oder Amerikaner wird »Jochen« unfallfrei aussprechen können, für sie klingt der ch-Laut viel zu halskrank, beinahe holländisch. Vor ungefähr 15 Jahren hat eine Satirezeitschrift ungezogenerweise »Redensarten mit Jochen« veröffentlicht. Hier die Top Five und was damit gemeint ist:

1. »Hallo, Jochen!« (Sorry, ich habe deinen richtigen Namen vergessen.)
2. »Ich hol gleich den Jochen.« (Ich geh dann mal lieber.)
3. »Lass das mal den Jochen machen.« (Das kannst du besser gleich wegschmeißen.)
4. »Bei mir ist heute Jochen-Tag.« (Ich werde heute den ganzen Tag faulenzen und hoffentlich keine Menschenseele zu Gesicht kriegen.)
5. »Sie würde ich gern unterjochen.« (Das rosa Kleidchen mit den Puffärmeln steht Ihnen tadellos.)

K

Kaffee-Moorleiche

Die rituelle Zufuhr von sehr viel Kaffee und sehr wenig anderer Flüssigkeit führt bei manchen Insbürogehern zu einer Geruchsmischung, die man sonst nur aus der Pathologie kennt. Der Duft einer scharfen Arabica-Röstung bleibt dabei dominant.

Kaffeetassenannektierer

Kollege, der keinen eigenen Kaffeepott besitzt, aber immer die der Kollegen benutzt. Sachdienliche Hinweise, um dieses Verhalten zu unterbinden, finden Sie unter → G wie Gadgets für Kollegenhasser.

Kai

Eine Einsendung aus der Schweiz: In der Niederlassung einer Firma begrüßten die Angestellten das neue Teammitglied Kai – unsichtbar und trotzdem überall. Zuerst fragte ein Mitarbeiter bei einer furchtbar langweiligen Geschichte den Kollegen: »Kennst du den Kai?« – »Nein, kenne ich nicht …« – »Kai Sau interessiert's!« Das setzte sich schnell durch. Seitdem kennt die ganze Filiale das Teammitglied Kai, selbst die englischen Kollegen. Jetzt muss nur noch jemand »Kai« einwerfen, schon enden öde Erzählungen abrupt.

Kaltverformer

Einen Führerschein gibt es nicht in der Lotterie. Und wenn es fünfzig Fahrstunden dauert, dafür muss man schon eine Prüfung bestehen. Wie dem Kaltverformer das gelingen konnte, ist den Kollegen schleierhaft – ständig baut er Unfälle mit dem Firmenwagen.

Kantinenzombie

Kollege, dessen seltsam untotes Aussehen darauf schließen lässt, dass er sich kritiklos ALLES in den Schlund wirft, was in der Kantine aufgetischt wird.

Karniggel

Jederzeit paarungswilliger Betriebscasanova. Bei der Weihnachtsfeier erwacht sein Jagdinstinkt, dann umbalzt er alle Frauen, die sich nicht schleunigst aus dem Staub machen (Lieblingslied: »Bésame mucho«).

Käserei

Strategie- oder Marketingabteilung.

Keksgrab (auch: Kekesperte)

Obwohl sich niemand daran erinnert, ihn eingeladen zu haben, taucht dieser Mitarbeiter regelmäßig in Besprechungen auf, sagt nie etwas, vertilgt die bereitgestellten Kekse, Kaffee etc. und verschwindet dann ebenso wortlos wieder (siehe auch: → Heuschrecke).

Kilometermann

Stillsitzen ist seine Sache nicht. Wenn er dringend eine gute Idee braucht, wirkt er hyperaktiv, wie ein zappeliges Kind. Und die besten Einfälle kommen ihm auf ausgiebigen Streifzügen durchs Haus und durch angrenzende Landschaften. Sein Antipode ist der → Sitzsack.

Kindergärtnerin

Völlig zu Unrecht in der Belegschaft herabgewürdigt – Kollegin mit großem Herz und einer Extraportion Geduld, kümmert sich rührend um Praktikanten und um Berufsstarter, die »ganz frisch von der Uni« kommen (siehe auch: → Diplomstümper, → Irooc). Der Kindergärtnerin Lebensmotto: »Dumme Fragen gibt es nicht, dumm ist nur, wer nicht fragt.«

Kirschkernschnitzer

Jemand, der mit Penetranz und Akribie eine Sache bis ins kleinste Detail untersucht und hinterfragt (siehe auch: → Ameisentätowierer, → Moskito-Sezierer, → Schnürsenkelbügler).

Klebewesen

Mitte 2011 begann in einem Gewerbegebiet nahe Paris ein skurriler Bürowettstreit: Französische Angestellte riefen den »Post-it-Krieg« aus und arrangierten Motive aus Klebezetteln an tristen Glasfassaden. Zu ihren Kunstwerken zählten zum Beispiel ein Bild aus dem Computerspielklassiker Tetris, die berühmte herausgestreckte Zunge als Markenzeichen der Rolling Stones, das Apple-Logo, die Mona Lisa oder die Konterfeis von Homer Simpson und Marilyn Monroe. Manche Motive bestanden aus Tausenden von bunten Klebezetteln und reichten über mehrere Etagen. Schon nach wenigen Tagen plünderten auch deutsche Klebewesen die Post-it-Vorräte. Die Fassadenkleberei dauerte nur einen Sommer, bewies aber: Es gibt kreatives Leben im Büro.

Knäckebrot

Kollege mit dem IQ desselbigen.

Koffermännchenklon

Klonen kann sich lohnen (Max Raabe). Viel spricht für die Theorie, dass Deutschlands Privathochschulen in ihren Kellern geheime Labors unterhalten, wo sie Koffermännchen vermehren. Diese Humanoiden studieren dann für jährlich 15 000 Euro Studiengebühren BWL und werden nach dem Turboabschluss im zarten Alter von 23 Jahren ausgewildert, etwa als Vorstandsassistent. Etwaige Skrupel haben solche »High Potentials« sich von formelfixierten Uni-Ökonomen gründlich aus dem Hirn waschen lassen, Menschen nehmen sie fortan nur noch als Ziffern wahr (siehe auch: → Omnipotente Zelle).

Kollegiker

Manche Chefs sind für ihre Wutwallungen gefürchtet. In ihrer Rumpelstilzigkeit schalten sie urplötzlich vom Kumpel- in den Jähzorn-Modus (»Wir sind hier nicht bei ›Wünsch dir was‹, wir sind hier bei ›So isses‹«) – und mutieren ohne jede Vorwarnung vom Kollegen zum Choleriker.

Kompassnadel

In den meisten Gruppen gibt es einen Anführer, in Unternehmen schon durch hierarchische Festlegung. Bei Meetings ist die Rangordnung häufig leicht zu erkennen – an Körpersprache, Blick- und Sprechrichtung der Teilnehmer. Die Hamburger Karriereberaterin Marion Knaths beschrieb in einem SPIEGEL-Interview einige Indizien: »Wer sitzt bei der Konferenz am breitesten im Sessel? Wer entert den Raum mit dem meisten Schwung, wer grüßt am lautesten, setzt sich am geräuschvollsten, redet am längsten? Richtig! Die Eins.«

Bei Männergruppen sei auch für Gäste binnen Sekunden sichtbar, wer das ist – »weil Männer sich immer wie Kompassnadeln nach Norden zur Eins hin ausrichten«, so Knaths, Gründerin der Beratungsfirma Sheboss. Sie rät auch Frauen, Platzhirschgebaren nicht als Zeitverschwendung zu betrachten und die Spielregeln männlicher Machtkommunikation zu beachten: »Wenn es einen Ranghöchsten gibt, immer an die Eins sprechen!«

Lächerlich wirkt es jedoch, wenn so eine Kompassnadel das Verhalten schon ändert, wenn da hinten am Horizont nur schemenhaft der Oberboss sichtbar wird. Manche Unterlinge wechseln dann abrupt in den Devot-Modus – von nun an ist jede ihrer Gesten, jedes Wort ausschließlich an den Chef adressiert, alle anderen werden konsequent ignoriert. Neue Freunde gewinnt man so eher nicht.

Inzwischen lebt eine ganze Riege – weiblicher wie männlicher – Coaches nicht schlecht davon, auch Frauen zu Kompassnadeln zu machen. Lernziel: durchboxen in Führungsetagen voller Männer, deren Verhaltensweisen imitieren, selbstbewussteres Auftreten etwa durch »Arroganztraining«, Reviereroberung und knappere Sprache. Methode: Instant-Vermännlichung durch Einüben der Spielregeln der Macht. Ob das Führungsfrauen wirklich glücklicher und Unternehmen besser macht: umstritten.

Kompostverweser

»Geniale Menschen sind selten ordentlich, ordentliche selten genial«, sagte Albert Einstein. Der Kleingeist hält also Ordnung, nur das Genie beherrscht das Chaos. Oder beherrscht doch das Chaos das Genie? Der Kompostverweser hat nie Zeit zum Aufräumen, aber alle Zeit der Welt zum Suchen in den Unterlagen und Essensresten in, auf, neben und unter dem Schreibtisch – bis das knöchelhohe Sediment sich aus eigener Kraft zu bewegen beginnt. Er wird vogelwild, sobald jemand die Schätze anrührt, ist aber immerhin Gründungsmitglied der betriebsinternen Selbsthilfegruppe »Messies Anonymous« (siehe auch: → Volltischler).

Kontaktallergiker

Meidet die täglichen Tratschrunden in der Kaffeeküche und auch sonst jede Form von spontaner oder organisierter Geselligkeit. In den Worten des famosen Musikers PeterLicht:

»Gesellschaft ist toll,
wenn nur all die Leute nicht wären …«

Kontrollfreak

Dieser Cheftypus muss alles wissen. Immer. Wenn ein Angestellter einen Locher braucht, will er's persönlich genehmigen. Eine gut funktionierende Abteilung regelt die Verteilung von Früh-, Spät- und Wochenendschichten unter sich? Kommt gar nicht in Frage. Ein Neuntklässler möchte einen Tag für ein Schulpraktikum dem Betriebskoch über die Schulter schauen? Aber nur mit seiner Zustimmung. Kein E-Mail-Verteiler ohne ihn, jeder Urlaubsantrag mit ihm – aber leider überrollt die Welle an Detailinformationen den Kontrollfreak täglich, die Mitarbeiter müssen sich permanent in Geduld üben, weil die Entscheidungen sich verschleppen.

Und sind die Untergebenen noch so zuverlässig – hier will sich keine Kultur des Loslassens einstellen. Oft neigen Patriarchen in Familienbetrieben zu zwanghaftem Kontrollismus der ganz alten Schule, auch überdominante Chefs in Unternehmen, die nach bescheidenen Anfängen rasant aufgeblüht sind: Nicht mehr zehn, sondern 100 oder gar 1000 Angestellte, da müssen die Arbeitsabläufe mitwachsen.

Vertrauen ist gut, Kontrolle ist schlechter. Allesüberwacher zeigen keine Scheu, ihre Angestellten bei Fehlern betriebsöffentlich statt hinter verschlossener Tür zu rüffeln. Und als Fehler gilt ihnen alles, was jemand anders erledigt als sie selbst. Wer als Mitarbeiter das eigenständige Denken nicht einstellen, sondern selbst Verantwortung übernehmen will, wird sich an so einem Boss häufig reiben. Und Reibung – hier irrt die Naturwissenschaft – erzeugt keineswegs immer Wärme.

Kontrollfreaks können indes auch positive Seiten haben, nicht selten verhalten sie sich besonders integer und loyal: Dann haben sie für kleine und größere persönliche Anliegen ihrer Angestellten ein offenes Ohr und leben die Werte, die ihnen wichtig sind, glaubwürdig vor.

Konzerndrohne

Zumeist männlich, persönlichkeitsfrei und satangesteuert. Trägt Businesskleidung aus dem neuesten Modekatalog stilsicher Gassi und hat stets nur eins auf dem Radar: den Konzerndollar.

Kopierrambo

Hinterlässt den Kopierer grundsätzlich mit Papierstau und Büroklammern im automatischen Einzug. Wobei: Kollegen mit Kapierstau sind noch schlimmer.

Kopierversager

Kollege mit den scheußlichsten Fehlkopien der ganzen Abteilung.

Körperklaus

Mit manchen Namen hat man's nicht leicht. Neben →Horst, →Jochen oder →Helga(!) ist auch Klaus so einer. Einem Körperklaus gebricht es an jeglicher Anmut, er ist ein echter Tollpatsch und sticht durch unbeholfene, ungelenke, unkontrollierte Bewegungen sofort aus jeder Gruppe heraus – ob beim Betriebssport oder auf der Tanzfläche des Sommerfests und der Weihnachtsfeier. »Körperklaus« schaffte es auf Platz vier unter den »Jugendwörtern des Jahres 2011« (siehe auch: → Gromo).

Krampfadergeschwader

Die rituelle tägliche Kaffeerunde älterer Damen der Generation Ü50 (in Unternehmensberatungen und Werbeagenturen: Ü30) am gleichen Arbeitsplatz.

Krummfinger

Ein DAU (Dümmster Anzunehmender User), also der natürliche Feind des Systemadministrators – hat durch abstruse Tastenkombinationen noch jedes Programm zum Absturz gebracht (siehe auch: → Pebkac).

Kugelfisch
Chef, der sich extrem aufplustert – inhaltlich hat dieser gnadenlose Angeber natürlich nur Luft zu bieten.

Kundenabwehrdienst
Für Menschen in Jobs mit Kundenkontakt.

Kurzstrecken-Grübler
Sein Vorgang des Nachdenkens führt zu recht überschaubaren Ergebnissen und erfreut die Steno-Sekretärin.

K wie Kündigung

Davon träumen viele Angestellte. Einmal im Job auf alle Regeln pfeifen. Einmal nur den garstigen Kollegen eine Nase drehen, dem dreisten Kunden die Meinung geigen, es dem Chef so richtig hinreiben. Und das am besten mit einem Paukenschlag als finalen Akt: einer spektakulären Kündigung, die keiner in der Firma je vergisst und für die man sogar als Held der Arbeit gefeiert wird.

Ein paar Angestellte haben's getan. Sie haben sehr öffentlich gegen ihre Chefs aufbegehrt oder gleich ihren Job hingeschmissen. Als Rächer der Entnervten sorgten sie weltweit für Schlagzeilen und für Sympathiewellen. Andere Mitarbeiter, aber auch Unternehmen leisteten sich aufsehenerregende Pannen, die zu Entlassungen führten – hier kommen sieben Abgänge, die es in sich haben.

Abgang auf YouTube:
Kündigung mit Tschingderassabum

Providence, August 2011: Der amerikanische Hotelangestellte Joe DeFrancesco, 23, hat seinen Job gründlich satt. Seit drei Jahren ist er im Zimmerservice tätig und unzufrieden mit den Arbeitsbedingungen – schlechte Bezahlung, Schichtbetrieb mit langen Arbeitszeiten, willkürliche Rausschmisse von Kollegen. Nun will DeFrancesco es seinem Chef, den er »wirklich verabscheut«, lautstark heimzahlen.

Dafür schleust er sieben Musiker seiner Brass Band ins Hotel, wartet auf den Vorgesetzten und schleudert ihm die Kündigung vor die Füße. Dann setzt das Ohren-Inferno ein: Die Band schmettert einen flotten Balkan-Song mit viel Pauken und Trompeten, unter »Joey quits!«-Rufen. Und Joe freut sich wie ein Schnitzel, winkt zum Abschied, reißt die Arme hoch.

»Sie behandeln uns wie Dreck hier«, sagt er am Anfang des Videos, das er zwei Monate später bei YouTube hochlädt – über drei Millionen Menschen sehen es, eine halbe Million allein in der ersten Woche. Zuvor hat sich Joe aber einen anderen Job gesucht. Die Protestaktion sieht er als »eine Art Rache: Der Boss bekommt, was er verdient«, sagt er in einem Interview mit Sueddeutsche.de. Die Hotelkette wendet sich mit einer Stellungnahme zu dieser »bedauerlichen Art der Kündigung« an die Öffentlichkeit. »Als Unternehmen nehmen wir die Mitarbeiterzufriedenheit sehr ernst«, heißt es darin, »ein Gefühl von Gemeinschaft und Stolz zu schaffen, hat hohe Priorität.«

Gesungene Kündigung:
Charmanter Abschied mit Gitarre

Seattle, April 2012: Auch die Programmiererin Karen X. Cheng wählt ein YouTube-Video zum Weggang – aber ohne nachzutreten, denn sie trennt sich von ihrem Arbeitgeber nicht im Zorn. Drei Jahre lang hat sie beim Softwaregiganten Microsoft am Programm Excel gearbeitet, ihr erster Job nach dem Studium in Austin. Nun zieht es sie fort zu einem Start-up in San Francisco. Darum schnappt Cheng sich ihre Gitarre, textet das gute alte »American Pie« von Don McLean um und hinterlässt den Song als gesungenes Kündigungsschreiben.

»Ich bin glücklich, dass ich diese Chance hatte«, singt die Hobbymusikerin, aber »nun ist es an der Zeit, dieses Kapitel zu schließen«. In ihrem Blog erklärt sie auch die Gründe: Kollegen hätten ihr erklärt, dass es zu jedem Job gehöre, auch mal Dinge zu erledigen, die keinen Spaß machen. Und dass sie doch dankbar sein solle für den Job bei Microsoft. »Dankbarkeit darf aber nicht den Hunger ersticken, den man in sich spürt«, entgegnet Cheng. Und in ihrem neuen Job als Designerin wache sie jetzt »jeden Tag mit einem neuen Feuer in mir auf«.

Investmentbanker ohne Moral: Willkommen in der Muppets-Show

New York, März 2012: Nach einem langen Aufstieg wählt Greg Smith einen krachenden Ausstieg. In zwölf Jahren bei Goldman Sachs, einer der größten Investmentbanken der Welt, hat er sich hochgearbeitet vom Praktikanten zum Derivatehändler. Als »Vice President« ist er ab 2007 zuständig für Europa, den Nahen Osten und Afrika. Mit seinem Job im mittleren Management verdient Smith über eine halbe Million Dollar Jahresgehalt. Bis zur spektakulären Kündigung – mit einem Artikel in der »New York Times«.

»Why I Am Leaving Goldman Sachs« ist ein Paukenschlag, eine Abrechnung mit der Selbstbereicherung gieriger → Bankster an der Wall Street. Der kahlköpfige Südafrikaner lässt ein Buch mit dem gleichen Titel folgen und kritisiert vor allem die moralische Verkommenheit, die er in der Bank beobachtete: ein »vergiftetes und zerstörerisches« Arbeitsklima. Top-Manager, die systematisch gutgläubige Kunden auspressen und sie dann auch noch als »Muppets« verhöhnen, als Deppen. Zynische Mitarbeiter, die »nur ans Geldmachen denken«.

Seine Arbeit schildert Greg Smith in einem SPIEGEL-Gespräch als »Rattenrennen« mit einer Atmosphäre wie in einer »Umkleidekabine beim Sport«; es werde auf alles gewettet, worauf man setzen kann. »Ich habe Leute da reinkommen sehen, die wussten exakt nichts vom Finanzwesen«, erzählt der 33-Jährige, »aber sie waren charismatisch. Oder sehr aggressiv.« Auch er selbst habe Finanzderivate nicht vollständig verstanden, räumt Smith ein.

Goldman Sachs reagiert und streut Details über angeblich nachlassende Leistungen und hohe Gehaltsforderungen eines frustrierten Mitarbeiters, der für eine Beförderung nicht infrage gekommen sei. Doch die Schadensbegrenzung misslingt – Smiths Enthüllungen werden zum PR-Albtraum für die Großbank.

Und tschüss: Eine Moderatorin kündigt live im Radio

Oslo, September 2010: Die Nachrichtensprecherin Pia Beate Pedersen, 42, hat fertig. Mit ihrem Job hat sie abgeschlossen. Seit eineinhalb Jahren arbeitet sie beim Norwegischen Rundfunk, einem staatlichen Sender für die Region um die Hauptstadt. An diesem Morgen soll Pedersen wie immer die News präsentieren. Aber diesmal tut sie es nicht.

Die Nachrichten werde sie heute nicht lesen, sagt Pedersen am Mikrofon, »es ist ohnehin nichts Wichtiges passiert«. Dann macht sie dem Ärger über ihren Arbeitgeber Luft, schimpft über den enormen Druck durch das Management, über befristete Verträge. Zwei Minuten dauert die Schmährede gegen den Sender NRK. Den Hörern teilt Pedersen ihre

Kündigung mit den Worten mit, sie wolle künftig wieder »anständig essen und durchatmen«. Dann verlässt sie das Studio.

Heute keine Milch, Hamburg:
Zwei Songs in der Endlosschleife

Die zornige norwegische Sprecherin hat einen Vorgänger. Hamburg, Juli 1999: Oliver Bennett soll morgens für den Sender Mix 95.0 moderieren. Aber er kommt früher zur Schicht, verschanzt sich im Studio und spielt lediglich zwei Songs, »Dancing Queen« und »No Milk Today«. Aus Verdruss über das Musikeinerlei des Dudelfunks, wie er sagt. Erst nach knapp vier Stunden kann sich ein Vorgesetzter Zugang verschaffen und zerrt ihn weg vom Schaltpult.

Entlassen wird der Moderator allerdings nicht, nur vorübergehend beurlaubt. Wirklich eine Protestaktion aus enttäuschter Liebe zum Radio oder nur ein Werbe-Gag? Ein Interview dazu finden Sie unter → R wie Radiorebell.

Baywatch:
Rettungsschwimmer gefeuert, weil er retten wollte

Hallandale Beach, Juli 2012: An einem Montag schiebt Tomas Lopez, 21, Stranddienst in der Stadt nahe Miami, als Badegäste ihn auf einen Ertrinkenden aufmerksam machen. Der Rettungsschwimmer informiert Kollegen über Funk und erhält vom Vorgesetzten die Anweisung, auf seinem Posten zu bleiben und den Notruf zu wählen. Aber da ist doch ein Mann in Not! Also rennt Lopez einige Hundert Meter gen

Süden, vorbei auch am Schild, das den Übergang vom bewachten zum unbewachten Strandabschnitt markiert. Hier endet seine Zuständigkeit – er läuft weiter. Als er ankommt, haben Strandbesucher den Mann bereits aus dem Wasser gezogen. Lopez legt ihn in die stabile Seitenlage, versorgt ihn, bis der Krankenwagen kommt und ihn auf die Intensivstation bringt.

Hat der Strandwächter etwas falsch gemacht? Ja, sagt der Arbeitgeber: Die Firmenregeln sehen vor, dass die Mitarbeiter ihren Bereich nicht verlassen dürfen. »Wir sind keine Feuerwehr«, sagt ein Manager des Unternehmens, »wir sind nur Rettungsschwimmer und beschränken unsere Arbeit auf die bewachten Bereiche, für die wir einen Auftrag haben.« Also wird Tomas Lopez bestraft – er verliert sofort seinen Job. Weil er getan hat, was Rettungsschwimmer tun müssen: Ertrinkenden zu Hilfe eilen. »Was wir im Prinzip machen sollen, ist, beim Sterben zuzusehen«, sagt ein empörter Kollege.

Erst die weltweite Berichterstattung über die eiskalte Kündigung bringt die Firma zum Einlenken. Lopez erhält das Angebot, seinen Job mit 8,70 Dollar Stundenlohn zurückzubekommen. Aber er winkt ab: »Das ist ein weiteres Kapitel meines Lebens, das abgeschlossen ist.« Er wolle sich nun auf seine Ausbildung konzentrieren und an einer Universität studieren.

Pannen-Mail:
Firma kündigt aus Versehen allen Mitarbeitern

London, April 2011: Sie haben Post … oops! Wenn man nur einmal für ein paar Sekunden nicht ganz bei der Sache ist, kann eine E-Mail den völlig falschen Verteiler erreichen. So wie beim britischen Unternehmen Aviva Investors. Der Versicherungskonzern entlässt die komplette Belegschaft. Alle auf einen Schlag. Irrtümlich.

Weltweit 1300 Angestellte zugleich erhalten die gleiche Kündigungs-Mail. Darin erinnert das Unternehmen an die vertraglichen Pflichten des Mitarbeiters, nämlich alle vertraulichen Informationen über die Arbeitsorganisation und die Kunden für sich zu behalten. Hinzu kommt die Aufforderung, Firmeneigentum und Sicherheitsausweise zurückzugeben. Am Ende heißt es: »Ich möchte diese Gelegenheit nutzen, um Ihnen zu danken, und wünsche Ihnen das Beste für die Zukunft.«

Gemeint ist nur ein einziger, ein bestimmter Mitarbeiter. Aber das Schreiben erreicht alle, ob in Großbritannien, Finnland oder Deutschland, ob in den USA oder Kanada. Eine halbe Stunde später bemerkt die Personalabteilung das Versandversehen und schickt flugs eine weitere E-Mail hinterher, um sich zu entschuldigen. »Ich glaube nicht, dass irgendeiner unserer Mitarbeiter es für etwas anderes als einen Fehler gehalten hat«, sagt ein Firmensprecher später.

So sicher ist das nicht, denn die Mail kommt just, als eine Entlassungswelle rollt: Kurz zuvor hat Aviva Investors angekündigt, 160 Stellen zu streichen, ein Achtel der Jobs weltweit. Das Eintreffen des Irrläufers soll am Londoner Hauptsitz der Firma entsetztes Schweigen ausgelöst haben.

Jochen Leffers

L

Laberlaminator

Kollege von verschwenderischer Mitteilsamkeit. Er quatscht alle voll, bis sich Lähmungserscheinungen einstellen.

Lahmsieder

Ein etwas täppischer und traniger Mensch – nur gaaanz laaangsaaam erreicht er jene Betriebstemperatur, die es ihm erlaubt, neue Informationen zu verarbeiten.

Landei

Aus der tiefsten Provinz zu stammen ist keine Schande. In den Metropolen sind fast alle nur zugereist aus dem Schwarzwald, vom Niederrhein oder aus einem Küstenkaff. »Du kriegst die Leute aus dem Dorf, aber das Dorf nicht aus den Leuten« – die Herkunft allein qualifiziert noch niemanden zum Landei, dafür braucht es andere Indizien: ein robustes Gemüt, rustikalen Körperbau, gute Erdung. Eine gewisse Hotzenplotzigkeit im Benehmen, null Neigung zu intellektuellen Spitzfindigkeiten. Bei Geselligkeiten lässt das Landei Tabletts mit Sushi oder Tapas passieren und langt erst beim Mettbrötchen beherzt zu.

Latino
Ist das etwa der nette neue Kollege aus Ecuador? Nein, wieder nur der Festredner, dieser alte Zausel, der Altlateiner. Filialeneröffnung, Weihnachtsfeier, Betriebsjubiläum – er tritt in jede Bütt. Und ist so stolz, vor 40 Jahren die Hölle eines humanistischen Gymnasiums überlebt zu haben, dass er noch heute jede Ansprache mit Zitattrümmern aus dem Lateinunterricht zu verschönern weiß, von »Per aspera ad astra« bis »Labor omnia vincit«. Gelernt ist gelernt: Lang lebe die toteste aller Sprachen, ein Hoch auf Gerundium, AcI und Ablativ. Alle warten nur auf den krönenden Abschluss seines Redeschwurbels: »Nunc es bibendum!« (Jetzt ist es Zeit zu trinken).

Leidwolf
Wild ist der Westen, schwer ist der Beruf. So ein leitender Angestellter hat schwer zu tragen an seiner Verantwortung und der hohen Arbeitsbelastung. Klagt er darüber lautstark und ausdauernd, handelt es sich um einen Leidwolf.

Leitgolf
Manager im Volkswagen-Konzern.

Leitzluder
Kollege, dessen Sozialkontakte einzig aus den Gesprächen mit einsamen Aktenordnern bestehen (siehe auch: Kontaktallergiker).

Lethargiestratege
Sitzt alles aus und tut nichts. Sein Normalzustand: Duldungsstarre.

Logorrhöetiker

Ihren Redefluss kann niemand stoppen. Manche Kollegen faseln sich schon frühmorgens warm, verquasseln den Tag, laufen am Abend zur Spätform auf. Medizinisch bezeichnet Logorrhöe eine krankhafte Geschwätzigkeit. Erst recht zur Last für die Umwelt wird sie, wenn sie sich mit Koprolalie paart: der Neigung, unablässig obszöne Wörter auszustoßen. Eine unheilvolle Kombination, *double trouble* (siehe auch: → Gackerlake, → Laberlaminator).

Luftkellner

Flugbegleiter (siehe auch: → Saftschubse, → Trolly Dolly).

Lustknabe

Für einen faulen Mitarbeiter, der nur tut, worauf er Lust hat. Das ist meist nicht viel. Der Lustknabe kennt daher allerlei Tricks, um lästige Aufträge abzuwehren. Er heuchelt zum Beispiel großes Interesse an einer Aufgabe und spielt dann gekonnt den Ball zurück. Gern weist er auch auf angeblich zwingend notwendige Vorarbeiten hin, die leider der Kollege oder Chef zunächst selbst erledigen muss: »Gern übernehme ich die Katalogtexte für die nächste Messe. Können Sie aber bitte erst einmal bei unseren zwölf wichtigsten Geschäftspartnern recherchieren, welches ihre Hauptwünsche an das neue Produkt sind?«

Wer sich damit durchsetzt, wird von der drohenden Aufgabe ziemlich sicher nie wieder etwas hören. Je unscheinbarer die Vorarbeiten klingen und je mehr Zeit sie tatsächlich fressen, desto sicherer ist man aus dem Schneider (siehe auch: → Delegator, → Zwecktölpel).

M

MacGyver

Der Blonde mit der Vokuhila-Frisur – MacGyver war der Titelheld einer US-Fernsehserie mit 139 Episoden, die Ende der Achtziger- und Anfang der Neunzigerjahre entstanden. Weil er naturwissenschaftliches Grundwissen mit handwerklichem Talent verbindet, kann er sich durch ambitionierte Basteleien immer wieder aus haarigen Situationen befreien. Und zwar ohne Waffen, denn Gewalt lehnt MacGyver ab.

Seine ständigen Begleiter sind ein Schweizer Armeemesser nebst Klebeband. Gleitschirme aus Mülltüten oder Fischköder aus Kaugummiverpackungen, Atombombenentschärfung per Büroklammer oder Sprengsätze aus Salz, Zucker, Unkrautvernichter und Batteriesäure: ein leuchtendes Vorbild für Technik-Nerds. Kein Wunder, dass im Internet der Realitätsgehalt der schönsten MacGyver-Tricks immer wieder aufs Neue diskutiert wird. Daran beteiligt sich auch Serienerfinder Lee David Zlotoff selbst.

Im weniger spektakulären Firmenalltag ist MacGyver eine halb spöttische, halb liebevolle Bezeichnung für einen Hausmeister (neudeutsch: Facility Manager), dem es gelingt, lästige Miniprobleme durch raffinierte und kostensparende Improvisationen zu lösen (siehe auch: → Q).

Mach 3

Physikalisch wird die Geschwindigkeit mit der Mach-Zahl gemessen, benannt nach dem österreichischen Physiker und Philosophen Ernst Mach. Erreicht ein Flugzeug Überschallgeschwindigkeit, fliegt es mit mindestens Mach 1. Manche Militärmaschinen erreichen sogar ein Dauertempo von Mach 3 – so heißt auch ein Rasierer, der eine Turborasur verspricht. Wenn ein Mitarbeiter »Mach 3« genannt wird, dann machen sich Kollegen über ihn lustig: weil er allzu träge denkt und arbeitet (siehe auch: → Lahmsieder).

Mailbomber

Mitarbeiter, der jede Nichtigkeit per Rundmail verbreitet.

Managementattrappe

Diese Führungskraft kneift regelmäßig, wenn wichtige Entscheidungen anstehen (siehe auch: → Tausendfüßler).

Management by … Mumpitz. In der Management-Lehre geht es auch nicht anders zu als auf den Laufstegen dieser Welt: Jährlich wechseln die Moden. Wie das Chefchen seine Schäfchen am geschicktesten führt, dazu sprießen ständig neue Theorien an vorzugsweise amerikanischen Business Schools. Die Autoren tragen ihre oft recht schlichten Erkenntnisse hinaus in die internationalen Führungsetagen, aufgepumpt zu Fachbüchern und eingespeist in die Weiterbildungsmaschinerie für Führungskräfte.
Die kernige Botschaft trägt zumeist die Überschrift »Management by«; dann folgt das Schlagwort der Saison. Zu den Klassikern zählen zum Beispiel Management by Delegation (Übertragung von Aufgaben an niedrigere Hierarchieebenen) oder Management by Objectives (Zielvereinbarungen zwischen Boss und Mitarbeitern).
Die Besessenheit vom »Management by«-Gedöns lädt ein zu allerlei ulkigen Verballhornungen. Die Einsendungen von SPIEGEL-ONLINE-Lesern:

Management by Almhütte. Hoch oben angesiedelt, großartiger Ausblick, aber furchtbar primitiv eingerichtet.

Management by Babysitter. Man kümmert sich um die Angelegenheit, wenn jemand nur laut genug schreit.

Management by Champignon. Mitarbeiter im Dunkeln lassen, von Zeit zu Zeit mit Mist bestreuen – und sobald einer den Kopf aus dem Dreck streckt, wird er geköpft.

Management by Corner. Strukturierte Aufgabenverteilung, immer an den nächsten, der gerade um die Ecke biegt.

Management by Darwin. Mitarbeiter gegeneinander aufstacheln, Sieger befördern, Verlierer abschieben.

Management by Dübel. Lücke erkennen, schnell reinquetschen und sofort breitmachen.

Management by Echo. Der Unterchef wiederholt nur, was sein Oberchef ihm gesagt hat.

Management by Egg. Mitarbeiter erst behutsam behandeln und bei Bedarf dann in die Pfanne hauen.

Management by Efeu. Kriechend über sich selbst hinauswachsen.

Management by Enterprise. Das Projekt, unendliche Weiten. Wir schreiben den Fortschrittsbericht zum 2948. Mal. Das Team öffnet das Tor in eine andere Dimension, die nie ein Chef zuvor gesehen hat.

Management by Fallobst. Wenn Entscheidungen reif sind, fallen sie von selbst.

Management by Gänseblümchen. Entscheidungsfindung nach dem System: Ich soll, ich soll nicht, ich soll …

Management by Happening. Das Resultat nachträglich zum Ziel erklären.

Management by Helicopter. Typische Verhaltensweise im Management: runterkommen, Staub aufwirbeln, abheben.

Management by Herodes. Intensiv den geeigneten Nachfolger suchen – und den dann nach kurzer Zeit feuern.

Management by Känguru. Große Sprünge mit leerem Beutel.

Management by Katze. Beide Pfoten auf den Tisch legen und auf die Mäuse warten.

Management by Men. Wir haben nicht die leiseste Ahnung, aber wir fangen sofort an.

Management by Women. Wir haben auch keine Ahnung, aber wir reden erst mal drüber.

Management by Moses. Er führte sein Volk in die Wüste und hoffte auf ein Wunder.

Management by Partisan. Selbst die engsten Mitarbeiter gezielt falsch informieren, damit die eigenen Ziele nicht erkennbar sind.

Management by Pingpong. Jeden Vorgang so lange hin- und herschieben, bis er sich von selbst erledigt hat.

Management by Potatoes. Rein in die Kartoffeln – raus aus den Kartoffeln.

Management by Robinson. Alle warten auf Freitag.

Management by Sanduhr. Alles durchlassen und warten, bis eine Wende kommt.

Management by Staubsauger. Den ganzen Tag mit großem Getöse herumsausen und sich um jeden Dreck kümmern.

Management by Sausage. Alles ist wurscht, jeder gibt seinen Senf dazu.

Management by Schafherde. Alles abgrasen und dann weiterziehen.

Management by Surprise. Erst handeln, irgendwie, sich dann von den Folgen überraschen lassen.

Management by Titanic. Perfekt geplant und trotzdem abgesoffen.

Management by Torero. Probleme mit elegantem Hüftschwung umgehen und zum Mitarbeiter durchlassen.

Maustouretti
Mitarbeiter, die am PC immer wüst auf der Maus rumklicken und sich dann bald so verklickt haben, dass nur noch ein Systemneustart helfen kann.

Meetingmimose
Kollege, der sofort einknickt, wenn er im Meeting kritisiert wird.

Meilen-Jürgen
Beim Thema Dienstreisen kommt er sofort auf das Meilensammeln zu sprechen. Der Meilen-Jürgen kennt sich bestens aus in den Kundenbindungsprogrammen aller Airlines. Privat fliegt er grundsätzlich nur mit dienstlich gesammelten Meilen und würde eher auf einen Urlaub verzichten, als selbst für den Flug zu zahlen.

Methusalix

Wen man auch fragt, alle sagen: Der war immer schon da. Der Methusalix des Unternehmens hat bereits viele Chefs kommen und gehen sehen. Er ist der Gründer und Vorsitzende des Ältestenrates, wird bei Inventuren mitgezählt, besticht durch aufreizende Gelassenheit – denn so kurz vor der Pensionierung will er echt keinen Stress mehr. Aus seinem Fachgebiet hat er mehr vergessen, als die meisten anderen je wissen werden. Man darf ihn alles fragen und erhält stets eine qualifizierte Antwort.

Junges Gemüse charmiert Methusalix durch Sponti-Sprüche aus den Sechzigern, Siebzigern und Achtzigern à la »Alle Staatsgewalt geht von Volker aus« oder »Ich zeig dir gleich mal, wo der Frosch die Locken hat«. Will man ihm eine kleine Freude machen, dann so: Du siehst ein paar

Jahre jünger aus, keinen Tag älter als 59! (In Werbeagenturen und Unternehmensberatungen: 39). Ist der Boss aus dem Haus, kommt Methusalix manchmal auch als → Autopilot zum Einsatz.

Mietnase

Für eine Firmenveranstaltung suchen Sie einen Conférencier, oder für eine Vertreterversammlung, eine Podiumsdiskussion, die Eröffnung der neuen Autohausfiliale? Dann mieten Sie doch einfach ein Allzweck-TV-Gesicht: So ein Siebenachtelpromi moderiert jedes Unternehmensevent zuverlässig und schmerzfrei weg, solange die Kohle stimmt.

Auch: Bösartiger Spott für Fernsehmoderatoren beim Wildwechsel zwischen allen Sendern, die eine handelsübliche Fernbedienung bereithält. Oft wachsen sie im Moderatorenkindergarten des öffentlich-rechtlichen Fernsehens auf und werden dort auf abseitigen Sendeplätzen zwischengelagert, bis das Angebot eines Privatsenders sie ereilt. Zwischen den Sendern wechseln Mietnasen mitunter so blitzartig weiter wie ein »Parasit den Wirt«, maulte 1995 der damalige RTL-Boss Helmut Thoma über den Weggang von Thomas Gottschalk. Wer bei den Privaten die Massen mitreißt, darf zurückkehren – bald schon langen ARD und ZDF ganz tief in den Gebührentopf. Dann hält das Moderationskarussell kurz an, damit verlorene Söhne oder Töchter wieder aufspringen können.

Miki, Kuki, Poki

Klingt nach den Teletubbies, es sind aber die Kürzel für Mitarbeiterkinder, Kundenkinder, Politikerkinder. Sie absolvieren eine Ausbildung oder ein Praktikum im Unternehmen und haben nicht den regulären Bewerbungsweg genommen, sondern die Abkürzung – als Schützlinge eines Vorgesetzten, der jemandem einen Gefallen schuldet.

Das kann gut gehen, muss aber nicht. Mitunter hebelt die elterliche Protektion die üblichen Betriebsregeln aus. Straflos kann sich dann ein der Abteilung aufgezwungenes Miki, Kuki, Poki oder auch »Klüki« (Klüngelkind) faul bis überheblich gebärden. Mit Strafversetzung bis Jobverlust indes muss rechnen, wer diesen Missstand zu korrigieren versucht.

Das *Miki* ist eine Variante des berühmten »Vitamin B«, des Berufseinstiegs durch persönliche Kontakte. Die sind der beste Starthelfer, wie mehrere Studien übereinstimmend zeigen, unter anderem vom Institut für Arbeitsmarkt- und Berufsforschung: Zwischen 25 und 40 Prozent aller Stellenneubesetzungen kommen dadurch zustande, dass man einen kennt, der einen kennt, der einen kennt. In Kleinstbetrieben liegt die Quote sogar noch höher. Freunde, Bekannte, Verwandte sind auch die wichtigsten Quellen bei der Stellensuche.

Oft bilden sich regelrechte Angestelltendynastien mit Beschäftigten in zweiter oder dritter Generation. Viele Firmen sehen solche Familienbande gern, im Recruiting setzen sie verstärkt auf »Mitarbeiter werben Mitarbeiter«-Programme – als Rezept gegen den Fachkräftemangel und weil sie auf diesem Weg besonders loyale Mitarbeiter bekommen können.

Mister Crocodile

Steckt bis zum Hals im Schlamm, taucht kurz auf und reißt groß das Maul auf, taucht wieder ab und wird lange nicht mehr gesichtet.

ICH FRAG MICH JA DOCH: WENN ICH JETZT NUR SO VIEL VON HERRN HOCHBRUCK SEHE, SIEHT ER DANN AUCH NUR GENAUSO VIEL VON MIR?
LEOWALD

Mittagsschmeißfliege

Kollege, der sich – gern auch unaufgefordert – in der Kantine zu Kollegen setzt und die Gruppe mit Fragen nach dem Status des Projektes oder mit Gejammer über seine viele Arbeit unterhält.

Modenazi

Hat ein untrügliches Gespür für Untragbares und bewirft seine Kollegen mit ungebetenen Ratschlägen. Heute das Hemd in die Hose gestopft? »Geht gaaaar nicht.« Aufgekrempelte Jackettärmel? »Hat zuletzt Don Johnson in ›Miami Vice‹ getragen.« Chucks an den Füßen? »Also bitte, in deinem Alter …!« Der Modenazi, guter Kumpel des → Style-Faschisten, ist spezialisiert auf kleine und größere Gehässigkeiten (»Dieses enge Kleid macht unsere Tippse zur Presswurst«; »Bäh, kurze Hosen, solche Radkappenknie will doch niemand sehen«). Einzig angemessene Reaktion: geschmeidig weglächeln und ins Leere laufen lassen.

MoD

Kürzel für Master of Disaster, für ein besonders unfähiges Mitglied der Geschäftsführung.

MoF

Kürzel für Mitarbeiter ohne Freunde, meist ein ungeliebter, übereifriger, penetranter Assistent des Vorstands.

Moskito-Sezierer

Besonders kleinlicher Kollege (siehe auch: → Ameisentätowierer, → Kirschkernschnitzer).

Multi-Nerd

Die Geschichte der Nerds ist eine Geschichte voller Missverständnisse. Lange war Nerd oder auch Geek die Bezeichnung für einen kontaktgestörten Bleichling, der kein Tageslicht verträgt und ohne regelmäßige Pizzalieferungen sterben würde. Schon als Kleinkind ist sein erstes Wort »Defragmentierung« statt »Mama«, bald heißen seine besten Freunde Null und Eins, und schon wird es einsam um den Nerd. Während andere Kinder am Computer nur spielen, schreibt der hornbebrillte Sonderling kleine bizarre Programme. Später im Informatikstudium verbringt er viele Nächte in dunklen PC-Pools und das Berufsleben dann unter ähnlich menschenscheuen Datenknechten – ein Technik-Soziopath, der mit der Welt da draußen kaum kompatibel ist.

Vielleicht ist solcher Spott ein bisschen ungerecht. Seit die moderne Computertechnik das wirtschaftliche und das gesellschaftliche Leben revolutioniert hat, ist der Respekt vor den kreativen Leistungen der IT-Eigenbrötler mächtig gewachsen. Die Trottel und Versager von einst gehen heute als coole Bescheidwisser durch. »Die meisten Menschen sind damit zufrieden, wenn etwas funktioniert. Der Nerd will wissen, warum es funktioniert, und er will es ständig optimieren«, beschrieb der bekennende Nerd Alexander Morlang im SPIEGEL-Gespräch das Selbstverständnis. Er sitzt seit 2011 für die Piraten im Berliner Abgeordnetenhaus – der Aufstieg der Partei wälzte schnell auch die Politik um.

Gemeinhin unterschätzt wird der Wissensradius von Nerds. Sie pflegen oft nicht nur einen Spleen, sie kennen sich auf mehreren sonderbaren Gebieten blendend aus – sie sind Multi-Nerds. Denn allemal typisch ist es, dass sie Spezialkenntnisse aufsaugen. »Wo eine Brille ist, ist auch ein Weg«, kalauert Jörg Zittlau in seinem Buch über Nerds aller Spielarten, nämlich über Fachgenies von Diogenes bis Bill Gates.

Glücklich kann sich schätzen, wer mit einem Multi-Nerd das Büro teilt. Bei technischen Fragen weiß er sowieso Rat, ob bei der bockenden Festplatte, der Anschaffung einer neuen Digitalkamera oder den Tücken des Smartphones. Ebenso gut kann man mit ihm höchst amüsante Gespräche führen – über frühe Science-Fiction-Autoren, über Krautrock der Siebzigerjahre oder Westcoast HipHop, über die Monster in den »Godzilla«-Filmen. Und auch das ist Bildung.

Murmeltier
Ständig wispert und zischelt dieser Kollege vor sich hin, meist eher hässliche Dinge, die andere zum Glück nur bruchstückhaft verstehen (siehe auch: → Selbstflüsterer).

Musterknabe
Alternative Berufsbezeichnung für Vertreter.

M wie Mobbing

Der neue Besen kehrt gut – zu gut. »Saustall« ist sein Fazit, nachdem der neue Vorgesetzte die erste Besprechung mit seinem Außendienstteam geleitet hat. Er spricht das Wort laut aus. Monika S. verbittet sich als Einzige diesen Ton. So beginnt ihr Leidensweg. Mit ihrem früheren Chef, mit dem ganzen Team ist die junge Vertriebsingenieurin prima ausgekommen. Nun wird sie täglich zum Rapport zitiert und muss jeden Arbeitsschritt dokumentieren. Der Boss rüffelt sie vor versammelter Mannschaft, ruft Kunden an, um sich nach den Projekten seiner Mitarbeiterin zu erkundigen.

Eines Morgens stolpert Monika S. über Umzugskartons in ihrem Büro. Im Wochenrhythmus muss sie fortan das Büro wechseln – und landet in einem als Kopierraum gedachten Kabuff neben der Herrentoilette. Sie schläft schlecht, hat Magenschmerzen, meldet sich oft krank. Ihre Umsatzziele schafft sie schon lange nicht mehr, was ihr böse Bemerkungen einiger Kollegen einbringt. Monika S. kündigt.

Fälle wie diesen kennt der Münchner Coach und Mobbing-Experte Dieter Schlund einige. Er hat die Erfahrung gemacht, dass sich »normale« Meinungsverschiedenheiten und Konflikte, wie sie am Arbeitsplatz immer wieder auftauchen, relativ schnell klären lassen. »Bei Mobbing ist die Ausgangslage eine andere«, sagt Schlund.

Seine Definition lautet: »Mobbing-Handlungen sind feindliche Angriffe gegen eine oder mehrere Personen, die systematisch und über einen längeren Zeitraum ausgeübt werden, mit dem Ziel, die Betroffenen zu demütigen oder auszugrenzen.« Um Kritik oder konstruktives Lösen von Problemen gehe es nicht: »Die Angreifer wollen ein auserwähltes Opfer ›eliminieren‹. Es verliert dabei mit zunehmenden Attacken immer mehr an Selbstwert und Stabilität.«

Seit die US-amerikanische Psychiaterin Carroll M. Brodsky 1976 einen Bericht über »The harassed worker« (»Der drangsalierte Mitarbeiter«) veröffentlichte, tauchten vereinzelt Leidensgeschichten aus der Berufswelt in Fachpublikationen auf. In den Achtzigerjahren befasste sich der Soziologe Heinz Leymann in Schweden erstmals eingehend mit dem Thema. Über Skandinavien gelangte auch der Begriff Mobbing in die Forschung.

Leymann verstand darunter negative Kommunikation am Arbeitsplatz, also unmäßige Kritik, öffentliche Beleidigungen, Anschreien, Ignorieren von Fragen, Verleumdung bis hin zum Rufmord. Heute wird der Begriff weiter gefasst: Mobber unterdrücken Informationen und fälschen Arbeitsergebnisse, geben sinnlose Anweisungen und stellen unwahre Behauptungen über Fehlverhalten auf. Auch vor Gewalt und sexueller Belästigung schrecken sie nicht zurück.

Aus dem Mail-Verteiler gerutscht? In der Kantine immer allein, keiner grüßt mehr? Das kann Zufall sein. Oder System. Nach einer Studie der Freien Universität Berlin ist Mobbing weitverbreitet. Bei einer Online-Befragung von 4300 Beschäftigten im öffentlichen Dienst bezeichneten sich lediglich vier Prozent selbst als Mobbing-Opfer. Aber 20 Prozent gaben an, soziale Verhaltensweisen am Arbeitsplatz zu erleben, die von der Wissenschaft klar als Übergriffe eingestuft werden.

Verführerische Mobbing-Mythen

»Mobbing kann sehr unterschiedliche Formen annehmen, deshalb ist es für die Betroffenen nicht einfach zu erkennen«, sagt Jens Eisermann. Der Wirtschafts- und Sozialpsychologe hat die Berliner Untersuchung mit verfasst. Ein Mobbing-Indiz ist die Häufigkeit: Die Grenze zwischen Zufall und System wird erreicht, wenn der Täter über einen Zeitraum von sechs Monaten mindestens einmal pro Woche zuschlägt.

Dass bestimmte Menschen zum Opfer geboren sind, gehört zu den Mobbing-Mythen. Dicke, Hässliche, Verschrobene, Unglückliche können ins Beuteschema passen – sie werden aber nicht zwangsläufig ins Visier genommen. »Es kann jeden treffen«, sagt Eisermann.

Falsch ist auch, dass das Unternehmen nur wenig Einfluss hat. »Mobbing tritt gehäuft in bestimmten Abteilungen auf, dagegen kommt es in anderen Abteilungen sehr selten vor«, hat Eisermann beobachtet. »Damit ist belegt, dass es sich um ein soziales Phänomen in der Organisationsstruktur handelt und die Verantwortung so oder so bei Führungskräften liegt. Krisen im Privatleben der Betroffenen können wir ausschließen, und auch hinsichtlich der Persönlichkeit finden wir keine Hinweise.«

Mobbing ist Chefsache

Vorgesetzte, die offen kommunizieren und ihre Mitarbeiter in Entscheidungen einbeziehen, sind das beste Mittel gegen Mobbing, wie die Studie zeigt. Pech nur, wenn der Chef persönlich die Attacken reitet. Oder wenn er sich nicht um seine Abteilung kümmert. Nach Eisermanns Erkenntnissen ist »in jedem zweiten Fall der Chef der Aggressor – das nennt man Bossing«. Zum klassischen Mobbing unter hierarchisch Gleichgestellten komme es in jedem fünften Fall; außerdem gebe es das »Staffing« mit Aggressionen von Untergebenen gegen ihren Chef.

In den meisten Fällen aber sei der Chef in irgendeiner Weise an den Schikanen beteiligt, und sei es, indem er wegsieht und weghört, so Eisermann. Dann hat auch das Unternehmen ein Problem. Und hohe Kosten dazu. »Ein Mobbing-Fall kostet das Unternehmen nach Schätzungen zwischen 30000 und 50000 Euro pro Jahr«, sagt Berater Schlund. Angesichts von anderthalb bis zwei Millionen Menschen, die jährlich in Deutschland gemobbt werden, verliert die Wirtschaft mehrere Milliarden Euro.

Gegen Mobbing ist man nicht wehrlos – aber es vor Gericht eindeutig nachzuweisen, ist schwierig. 2012 sorgten zwei Arbeitsgerichtsprozesse für Schlagzeilen. So forderte vor dem Landesarbeitsgericht Hamm ein Oberarzt von seinem Chefarzt Schadensersatz von 500000 Euro, weil er nach jahrelangem Mobbing arbeitsunfähig geworden sei. Beim zweiten Fall vor dem Arbeitsgericht Solingen ging es um 893000 Euro: So viel wollte eine städtische Angestellte vom Arbeitgeber als Schmerzensgeld für Mobbing durch Vorgesetzte erstreiten.

Beide Klagen wurden abgewiesen. In erster Instanz, wie beim Solinger Verfahren, ist das die Regel. Mobbing-Opfer müssen durch mehrere Instanzen gehen, und wenn sie Recht bekommen, erhalten sie ganz selten mehr als 100 000 Euro Schadensersatz oder Schmerzensgeld – aus den USA kennt man ganz andere Beträge.

Doch die Zahl der Mobbing-Klagen wächst auch in Deutschland rasant. »Mobber müssen sich zunehmend darauf einstellen, persönlich zur Verantwortung gezogen zu werden«, sagt die Berliner Fachanwältin Erika Schreiber. Ihr Rat lautet: »Wehret den Anfängen.« Betroffene sollten nicht darauf warten, dass sich die Situation von allein auflöse, sondern Hilfe suchen bei Frauenvertretungen, Betriebs- und Personalräten, Gewerkschaften und Anwälten. »Kurzum: Raus aus der Mobbing-Opferrolle!«, so Schreiber. Ebenso müssten Arbeitgeber und Führungskräfte Beschwerden von Betroffenen ernst nehmen, Beweise erheben, Zeugen anhören oder Mobbing-Beauftragte benennen.

Für Monika S. war die Eigenkündigung ein beruflicher Rückschlag, aber kein Knock-out. Sie hat eine Stelle in einem kleineren Unternehmen gefunden und verdient zunächst etwas weniger. Dass sie die richtige Wahl getroffen hat, weiß sie aus Telefonaten mit einer Exkollegin: Ihre Nachfolgerin in der Vertriebstruppe bekommt ebenfalls keinen Fuß auf den Boden, wird ausgebremst und gedemütigt.

Und der Mobber-Chef? Der sitzt fester im Sattel denn je.

Christoph Stehr

N

Nacktmull
In ostafrikanischen Halbwüsten versteckt sich der Nacktmull in unterirdischen Bauten und gilt als hässlichstes Tier der Welt. Der Firmennacktmull ist ein Archivknecht, der im Souterrain sein Dauerdomizil und seine Erfüllung gefunden hat – er zählt wegen der Digitalisierung zu den bedrohten Arten.

Nahkämpfer

Bei einem bis zwei Metern liegt üblicherweise die Wohlfühldistanz zwischen zwei Menschen, die sich unterhalten und nicht sehr gut kennen. Bei vertrauten Personen kann es auch etwas weniger sein. Der Nahkämpfer hat für den richtigen Abstand keinerlei Gefühl – seinen Gesprächspartnern rückt er so eng auf die Pelle, dass sie nur noch panisch fliehen wollen (siehe auch: → Tuchfühler).

Nahversorger

»Papa, du wolltest doch noch Kopierpapier mitnehmen!«, brüllte das Kind, das den Vater von der Arbeit abholte. Autsch. Wie peinlich. Papier und Stifte, Briefumschläge und Tintenpatronen (siehe auch: → Tintenkiller): Der Nahversorger wird ständig beim Klauen von Büromaterial beobachtet. Sobald ihn jemand verpetzt, kann es um seinen Job geschehen sein.

Neandertaler

Diesen zumeist älteren Mitarbeiter treibt ein zwanghaftes Bedürfnis, mit verklärtem Antlitz von *damals* zu schwärmen: Früher war mehr Lametta. War einst nicht überhaupt alles besser, sogar die Zukunft? Im Heute ist der Betriebs-Neandertaler noch nicht angekommen. Und wird wohl niemals ankommen (siehe auch: → Autopilot, → Methusalix).

Nervsprecher

In fast jedem Unternehmen gibt es Bürokasper, die sich durch den Tag floskeln mit ironischen Redewendungen – vor vielen Jahren an und Pfirsich mal originell, inzwischen nur noch nervig. Beinah jeden Satz reichern sie an mit Redewendungen von »Zum Bleistift« bis »Alles in Dortmund«, von »Schankedön« bis »Wirsing«, von »Das darf doch nicht Warstein« bis »Dagegen bin ich algerisch«.

Nestflüchtling

Ein Kind ist eigentlich ein prächtiger Grund, pünktlich nach Hause zu gehen. Oft sitzen Väter abends trotzdem lange im Büro – und zwar länger als kinderlose Kollegen. Eine Untersuchung des Bundesinstituts für Bevölkerungsforschung zeigt: In der Altersgruppe von 25 bis 29 Jahren arbeiten Väter im Schnitt zwei Wochenstunden länger als Männer ohne Kinder; bei den 40- bis 59-Jährigen sind es sogar fünf Stunden Mehrarbeit.

Ein erstaunlicher Befund. Vielleicht liegt es daran, dass häufig Mütter ihre Arbeitszeit reduzieren und Väter die Einkommenseinbußen der Familie mit längerer Arbeitszeit auffangen wollen. Vielleicht steckt dahinter aber auch ein simpler Männerreflex: Folgt auf den Nestbau die Nestflucht? Drücken Väter sich etwa vor Spielritualen, Schlafliedern und Schmutzwäsche?

Neutrino

Physiker kennen Elementarteilchen mit sehr kleiner Masse, die elektrisch neutral sind, als Neutrinos. Firmenbelegschaften kennen Kollegen, die sich aus allem heraushalten und konsequent einen eigenen Standpunkt verweigern, ebenfalls als Neutrinos. Signalsätze: »Das müsst ihr entscheiden.« – »Damit kenne ich mich nicht aus.« – »Die einen sagen so, die anderen sagen so.«

08/15-Amtsleiter

Sein Job in Zahlen: null Ahnung, acht Stunden Anwesenheit, A-15-Besoldung.

Nulpen aus Amsterdam

Kleine Gehässigkeit über holländische Kollegen.

BILL GATES HAT AUCH IN EINER GARAGE ANGEFANGEN.

N wie Nebenbei-Zeichner

Kritzeln kann beim Lernen helfen – endlich sagt's mal jemand. Auf diesen Satz hat Michael Laumer nur gewartet. Er findet ihn auf Twitter, vom renommierten »Science Magazine«, mit Link zu einem Artikel über Visualisierungen in der Wissenschaft. Für den Medieninformatiker Laumer ist es mehr: endlich eine wissenschaftlich fundierte Rechtfertigung für all die Spiralen, Blätter, Ranken und Quadrate, die er gern in Sitzungen zeichnet.

Marketingmanager oder Ministerialbeamte, Werbetexter oder Ingenieure, Lehrer oder Informatiker – so viele Menschen hasten täglich von einer Konferenz zur nächsten. Beinah regungslos sitzen sie die vielen Stunden beim Meeting-Marathon ab. Und wenn ihre Hände etwas zu tun haben wollen, fangen manche an zu kritzeln: auf Zeitungen, Tagesordnungen, Rechenblöcken. Mal sind es nur hingeworfene abstrakte Formen, mal richtige kleine Kunstwerke.

Bei Kollegen und Chefs kommt das nicht immer gut an, sie deuten es als Indiz für mangelnde Konzentration. Ganz falsch, meint Michael Laumer: »Wenn ich aus dem Fenster gucke, schweifen die Gedanken ab, wenn ich zeichne, kriege ich alles mit.« Einmal habe ihn in einer Sitzung eine Kollegin angefaucht, er solle ihr doch bitte zuhören – »und als ich dann alles genau wiederholen konnte, war sie baff«.

Laumer hat auf Facebook die Seite Sitzungskunst (1500 Fans) gestartet, als kleine Galerie für Nebenbei-Zeichner. Und eine Warnung dazugeschrieben: »Vorsicht! In sehr kleinen Runden kann Sitzungskunst störend und gelangweilt wirken. Überzeugen Sie deshalb Ihre Gesprächspartner. Und vor allem: Zeigen Sie Ihre Sitzungskunst!«

24 eigene Zeichnungen stellte er zunächst auf die Seite, bei manchen ist er selbst nicht sicher, was sie darstellen: Güterzug, Armband oder Samuraischwert? Dann begann Laumer, Kritzelbilder von Freunden und Kollegen zu sammeln, »mittlerweile komme ich mit dem Hochladen gar nicht mehr nach«. Dabei schafft es nicht jede Kritzelei auf seine Facebook-Seite: »Zu einfach dürfen die Zeichnungen nicht sein, man muss ja ein bisschen was zum Interpretieren haben.«

Bilder deuten, damit kennt Georg Franzen sich aus. Der Psychologe ist spezialisiert auf Kunstpsychologie und auf unbewusste Ausdrucksformen. Und bei Konferenzen wird ja meist nebenbei gekritzelt – der Zeichner weiß selbst nicht, was am Ende dabei herauskommt. »Die gestaltenden Kräfte sind im Grunde dieselben, die auch in unseren Träumen am Werk sind«, sagt Franzen. »Es wird nicht das gekritzelt, was jemand hört, sondern das, was ihn in dem Moment beschäftigt.« Das löse innere Spannungen. In der Kunsttherapie werden Patienten zum Kritzeln ermutigt, um Dinge zu Papier zu bringen, über die sie nicht sprechen können oder wollen.

Botadras aus einer Zwischenwelt

Meeting-Malerei helfe dabei, »sich zu ankern«, sagt auch Franzen; sie störe die Konzentration nicht, sondern fördere sie. Nichts als eine »faule Ausrede«, hält Reiner Klages dagegen – es sei schon ein Ausdruck von Langeweile. Der Mathematikdozent an einer Universität in London ist selbst bekennender und praktizierender Nebenbei-Zeichner bei Vorträgen. Für seine Bilder hat er sich einen eigenen Namen ausgedacht: »Boring Talk Drawings«, kurz Botadras. Besonders gelungene Werke scannt er ein und stellt sie auf seine Internetseite.

»Beim Kritzeln bin ich in einer Art Zwischenwelt, nicht 100 Prozent beim Vortrag, aber auch nicht 100 Prozent beim Zeichnen«, sagt Klages. Manchmal sei es aber auch ganz gut, sich zwei Minuten nur auf das Kritzeln zu konzentrieren und dann in einen Vortrag neu einzusteigen.

Was Meeting-Malereien darstellen, lasse sich nur schwer deuten, ohne den Zeichner und die Situation zu kennen, sagt Psychologe Franzen. Einige Interpretationen aus der Traumforschung könne man aber auch auf Kritzeleien anwenden: Wer Spiralen zeichnet, ist eher introvertiert, denkt viel nach. Dreiecke, Quadrate und Rechtecke lassen darauf schließen, dass der Zeichner ein logisch denkender, rationaler Mensch ist. Zacken stehen für Aggressionen, Gesichter für den Wunsch nach Geselligkeit, Gitter für das Gefühl der Einengung.

Vorsicht vor Leuten, die den eigenen Namen kritzeln

Zu ähnlichen Ergebnissen kam auch Alfred Gebert, Psychologe an der Fachhochschule des Bundes in Münster. Nach Vorlesungen lagen auf den Tischen immer wieder Bildchen, er sammelte sie ein und schrieb auf die Rückseite die Namen der Zeichner. Dann machten die Studenten einen psychologischen Test mit 36 Fragen. Mit einem Punktesystem sortierte Gebert sie in fünf Kategorien: extrovertiert, verträglich, gewissenhaft, emotional stabil, offen für Neues.

Die Ergebnisse verglich Gebert mit den Bildern. Introvertierte Studenten hatten Kringel, Kreise, Spiralen und Tiere gekritzelt; gewissenhafte Studenten Rechtecke, Dreiecke und Augen. Sterne und Gesichter waren es bei den Studenten, die er als offen für Neues einstufte. »Aufpassen muss man, wenn jemand ständig seinen eigenen Namen kritzelt. Das lässt darauf schließen, dass er sehr von sich selbst eingenommen ist«, sagt der Professor.

Manche Zeichner kommen auch ganz ohne Stift und Papier aus – mit Apps wie »Pollock« oder »Live Sketch« gestalten sie Kleinkunstwerke auf dem Smartphone. Andere zeichnen zunächst mit dem Stift, um ihre Bilder dann zu fotografieren und mit der Photoshop-App nachzubearbeiten. So wird das Display zur Leinwand. Und zur perfekten Tarnung: Die Kollegen denken, dass die Nebenbei-Zeichner beim Meeting wichtige Termine im Kalender speichern oder eilige Nachrichten verfassen.

Verena Töpper

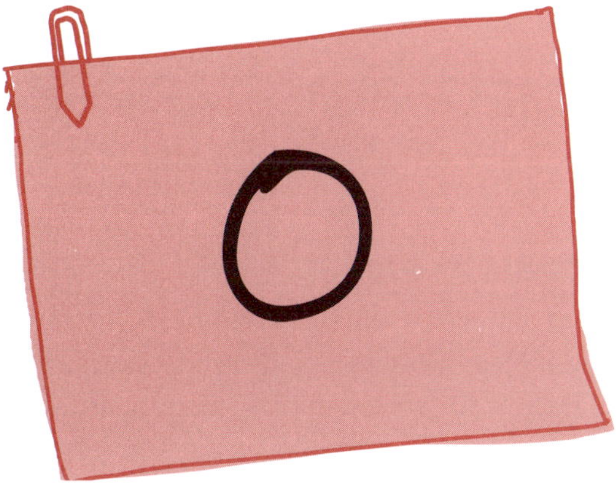

Office Police

Kollegen, die sich wenig für ihre eigentlichen Aufgaben zuständig fühlen. Stattdessen fahnden sie ausgiebig nach den Schuldigen – für volle Spülmaschinen oder leere Drucker, für Flecken auf dem Boden oder die übergelaufene Kaffeemaschine. Oft starten sie Erziehungsversuche auf Zetteln (siehe auch: → Z wie Zettelkrieg).

Ohrenatmer

2009 sorgte ein Inder für Aufsehen, indem er Luftballons mit den Ohren aufblies: Er hielt sich die Nase zu und eine Kanüle ins Ohr, presste die Luft in den Ballon, bis der platzte – ein Spektakel für Groß und Klein. Über eine solche Sonderbegabung verfügt der gewöhnliche Ohrenatmer nicht. Er hört sich selbst nur allzu gern reden und vergisst darüber das Zuhören. Und weil er Redepausen für überbewertet hält, atmet er mit dem Organ, das er sowieso nie benutzt.

Omnipotente Zelle

Jungmanager, frisch von der Uni, weiß nix, kann nix, hat aber jede Menge Potenzial. Heißt es wenigstens (siehe auch: → Diplomstümper, → Koffermännchenklon, → Telekom-Aktie, → Wunderkerze).

One-Trick Pony

Ein dressiertes Zirkuspferd, das genau ein einziges Kunststück beherrscht. Auf andere Arenen übertragen können das sein: in der Politik Parteien, die zum Start zunächst auf ein Kernthema setzen (wie die Grünen mit Ökologie und die Piraten mit Internet) – oder sich selbst auf eines reduzieren (wie die FDP mit ihrem »Mehr Netto vom Brutto«-Steuersenkungsslogan). Im Fußball Spieler wie Arjen Robben (nach innen ziehen, kurz vor der Strafraumgrenze drei Mitspieler übersehen und den Ball mit Wucht übers Tor treten; siehe auch: → Aleinikow). In der Kunst Maler, die mit einer Idee Erfolge feiern und sie bis ans Ende ihres Schaffens nur noch variieren. Und in der Medienwelt Talkshowgäste mit der immer gleichen geländegängigen Grundthese.

Solche Solotrickser gibt es auch in Unternehmen, wenn sie zum Beispiel bei Präsentationen brillieren, aber konzeptionell nichts selbst zustande bringen. Oder sich allzu lange auf den Lorbeeren ausruhen, die sie vor vielen Jahren für eine einzige Idee abräumten.

Opossum

Der/die famose australische Travestiekünstler/-in und Talkmaster/-in Dame Edna pflegte sein/ihr Publikum stets fröhlich-charmant zu begrüßen mit »Hello possums«. Was so viel heißt wie »Hallo, Beutelratten« oder auch »Tach, ihr → Torfnasen«. Das katzengroße Opossum, der amerikanische Verwandte mit O, führt ein Einzelgängerleben und hat eine besondere Eigenschaft: Wird das Tier bedroht, stellt es sich tot. Dieses Ich-bin-gar-nicht-da-Verhalten bringen auch manche Büromenschen perfekt zur Aufführung – immer, wenn echte Arbeit droht (siehe auch: → Delegator, → Lustknabe, → Zwecktölpel).

P

Palme
Ein Projektmitglied, das nichts Sinnvolles beiträgt, aber auch nicht weiter stört und meistens unbeachtet in einer Ecke steht.

Pebkac

Büroangestellte, die den ganzen Tag vorm Rechner verbringen, verlangen gar nicht viel: Stabil laufen soll die Hard- und Software, also ohne Abstürze im Stundentakt und bitte auch ohne kryptische Fehlermeldungen. Die wichtigsten Office-Programme müssen auf dem Gerät installiert sein und den internen wie externen Datenaustausch ermöglichen. Schön wäre es zudem, wenn das E-Mail-Programm zuverlässig funktioniert – und wenn bei Pannen aller Art schnell jemand eine Lösung weiß.

Zu diesem Zweck haben die meisten Unternehmen einen Helpdesk eingerichtet. Die Hotline-Mitarbeiter (→ Warmliner) sprechen indes nicht zwingend die gleiche Sprache wie die Anrufer. Die einen brauchen präzise Informationen, damit sie das Problem technisch identifizieren und lösen können; die anderen wollen schnell weiterarbeiten und manchmal auch ihren Frust abladen.

Wer sich zu oft zu erbost über die immer gleichen Alltagsprobleme beschwert, landet bei den IT-Experten in der Schublade für Störungsmeldungen hoffnungslos beratungsresistenter Härtefälle, mit dem Etikett Pebkac. Das Kürzel steht für »Problem exists between keyboard and chair«. Um es noch präziser zu lokalisieren: zwischen dem rechten und dem linken Ohr des Nutzers. Andere Varianten lauten Picnic (»Problem in chair not in computer«), Eifok (»Error in front of keyboard«) oder ID10T error (»Idiot error«). Siehe auch: → Schutzverletzer, → Krummfinger.

Ein unhöflicher Techniker, der Trivialfragen satt hat, könnte auch antworten: RTFM – Read The F***ing Manual (»Lies die verdammte Anleitung«). Oder noch etwas derber, wie die Piraten-Bundesgeschäftsstelle, die einem Mailschreiber auf Kritik am Parteinamen antwortete: »Roflcopter gtfo« (aus dem Nerdjargon übersetzt etwa: »Ich wälze mich auf dem Boden vor Lachen, verpiss dich«).

Pelzrücken

Jemand, der sich über die vielen Jahre seiner Betriebszugehörigkeit ein derart dickes Fall zugelegt hat, dass er auch ohne Rückgrat aufrecht stehen kann.

Penibilator

Für besonders pingelige Kollegen.

Persönlicher Zigarrenabbeißer

Als Alternative zu »Schleimer«.

Pille
Der Betriebsarzt. Natürlich spielt das an auf Dr. Leonard McCoy, eine der Hauptfiguren in »Star Trek«. Pille war der Doc auf dem Raumschiff Enterprise, Technikskeptiker und rebellierte in Moralfragen häufig gegen Captain Kirk und Commander Spock. Typischer Satz: »Ich bin Arzt und kein …« – hier zum Beispiel ergänzen: kein Maurer, kein Türstopper, kein Raumschiff-Schaffner, kein Bergmann.

Pixelschubser
Wort für hart arbeitende Grafiker/-innen, das recht deutlich macht, welcher Stellenwert ihrer Arbeit (die ja angeblich erst nach dem kreativen Prozess beginnt) zugestanden wird.

Plankton
Boshaftes Synonym für Sekretärin – weil sie oft die Letzte in der Nahrungskette einer Firma ist und jeder erwartet, dass sie alles weiß, obwohl sie häufig bei aktiver Informationsverteilung vergessen wird. Auch muss sie sich oft die Sorgen und Belange von Kollegen anhören, während auf ihre eigenen Bedürfnisse keinerlei Rücksicht genommen wird.

Plapperschlange (auch: Schnatternatter)
Da ist diese Kollegin, die immer so freundlich, offen, fröhlich wirkt und auch auf Neuankömmlinge spontan zugeht. Ein Sonnenscheinchen, auf den ersten Blick. Auf den zweiten nutzt sie ihr Kommunikationstalent allerdings, um Gift zu verspritzen – sie steckt voller Niedertracht und ist immer bereit zu gehässigen Worten über andere Mitarbeiter. Zur Gerüchteumwälzanlage wird sie vor allem unter Zufuhr von Alkohol: Bei Betriebsfesten entpuppt sie sich als Plapperschlange.

DRUCKAUFTRAG STARTET IN 10 ..... 9 ..... 8 ..... 7 ..... 6 ..... 5 .....

Poltergeist
Kollege, der immer lautstark herumpoltert, statt diplomatisch vorzugehen.

Postleitzahlenaddierer
Hat nichts zu tun oder will nichts zu tun haben und sitzt einfach seine Zeit ab.

Premiumkunde
EDV-Jargon für einen Mitarbeiter, der immer zickig ist (siehe auch: → Pebkac).

Primärduftwolke
Kollegin, die nur durch ihr Parfum auffällt (siehe auch: → Duftbaum).

Prothesengott
Ihm scheinen neue Körperteile zu wachsen, wenn er sich behängt mit allem Technikschnickschnack, den der Elektronikmarkt hergibt. Den Begriff hat der Vater der Psychoanalyse ins Spiel gebracht: »Der Mensch ist sozusagen eine Art Prothesengott geworden, recht großartig, wenn er alle seine Hilfsorgane anlegt, aber sie sind nicht mit ihm verwachsen und machen ihm gelegentlich noch viel zu schaffen«, so Sigmund Freud in »Das Unbehagen in der Kultur« – von Internet, Smartphones oder iPads konnte er da noch nichts wissen.

Freud ahnte es aber durchaus: Der Mensch, schreibt er weiter, habe »übrigens ein Recht, sich damit zu trösten, dass diese Entwicklung nicht gerade mit dem Jahr 1930 A.D. abgeschlossen sein wird. Ferne Zeiten werden neue, wahrscheinlich unvorstellbar große Fortschritte auf diesem Gebiete der Kultur mit sich bringen, die Gottähnlichkeit noch weiter steigern.« Und so geschah es. Für den hoch technisierten Menschen fühlen seine Lieblingsspielzeuge sich fast an wie ein Teil des Körpers. Wehe, man nimmt ihm das Gerät weg: Mobiltelefon defekt, Netzstörungen, Akku leer oder kein Ladegerät – schon fühlt er sich wie amputiert.

Protzpapa

Das Büro tapeziert er mit Bildern seiner Windelrocker und erzählt so ausdauernd Geschichten von Kinderheldentaten in der Schule, beim Sport oder schon auf dem Wickeltisch, dass selbst befreundete Kollegen den Kantinengang mit dem Protzpapa zu meiden beginnen.

Q

Q

Gimmicks, Gadgets, schräge Accessoires aus der geheimen Waffenkammer des MI6 sind das Terrain von »Q«. Er ist in den James-Bond-Filmen der Spielzeugspezialist: ein Tüftler vor dem Herrn, der für seinen Lieblingsagenten an Nobelkarossen mit Sonderausstattung schraubt, an Waffen wie Dumdum-Kugelschreibern oder Uhren mit Granatwerferfunktion. Unvergessen auch: das Gipsbein mit integrierter Rakete; die Polaroidkamera mit Röntgenblick; der goldene Colt von 1974, zusammengesetzt aus einem Stift, einem Zigarettenetui und Manschettenknöpfen.

In der Autoindustrie bezeichnen Mitarbeiter mit »Q« einen Chefingenieur, der mal mit verwegenen Ideen brilliert, mal damit direkt in eine unsterbliche Blamage steuert (siehe auch: → MacGyver).

Qualitätsdebütant

Betriebsabläufe prüfen, Ressourcen verbessern, Synergien suchen – Prozessoptimierung in Unternehmen ist keine glamouröse Aufgabe. Der Optimierer kollidiert oft mit Hierarchien und mit über Jahrzehnte gewachsener Arbeitsteilung zwischen Abteilungen, kurz: mit der Betriebsrealität. Wer den Job frisch übernimmt, hat schnell den Ruf als Qualitätsdebütant weg.

Quälix

Einer breiteren Öffentlichkeit bekannt geworden ist dieser Cheftyp durch den Trainer Felix Magath, den Fußballer ob seiner subtilen Methoden mal »Quälix«, mal »Saddam« nennen. Zu seinen Spezialitäten zählen Medizinballtraining, langes Treppensteigen auf den »Mount Magath«, Motivation durch einen ausgefeilten Strafenkatalog. »Ob Felix Magath die ›Titanic‹ gerettet hätte, weiß ich nicht. Aber die Überlebenden wären topfit gewesen«, sagte Fußballer Jan Åge Fjørtoft (nach dem Last-Minute-Klassenerhalt mit Eintracht Frankfurt im Jahr 2000).

Andere Überlebende äußerten sich deutlich härter über den Trainer, der im Kaufrausch gern bekannte oder unbekannte Oldies in sein überfülltes Wolfsburger Veteranencamp lotste: »Nie mehr für Magath spielen« wolle er, so der dänische Nationalspieler Simon Kjaer. Bundesligaprofi Hans Sarpei, Publikumsliebling auf Schalke und emsiger Twitterer, antwortete auf die Interviewfrage nach einer idealen Welt: »Zuerst gäbe es keinen Krieg mehr. Hunger würde ich auch abschaffen und Krankheiten. Und natürlich Felix Magath.«

Und in ganz normalen Betrieben? Da werden oft Ausbilder »Quälix« genannt.

Qualle

Chef ohne Rückgrat, ohne Hirn, leicht zu durchschauen.

Quantenteilchen

In der Physik ist das Quantenteilchen klein und flüchtig, es bewegt sich sehr schnell. In einer Firma ist es der Kollege, von dem niemand genau weiß, wo er sich gerade befindet – und wenn ihn doch mal jemand sichtet, ist er gerade auf dem Sprung. Allein die Frage nach seinem Aufenthaltsort scheint eine augenblickliche Lageänderung oder einen Richtungswechsel zu bewirken.

Queen of Copy Machine

Gesprächsvermerke, Akten, Sitzungsprotokolle, Projektskizzen – Kopierköniginnen und -könige vervielfältigen alles. Zu mehr reicht entweder ihre Qualifikation oder ihr Talent nicht. Oder jedenfalls das Vertrauen der Vorgesetzten. Sind sie nicht voll ausgelastet, müssen sie auch den Kaffeeautomaten säubern und die Topfpflanzen gießen. Bis sich herausstellt, dass ganz andere Fähigkeiten in ihnen schlummern und sie jahrelang völlig unterfordert waren.

Quengelkönig

»Mir ist langweilig, ich bin müde, mir ist kalt, ich hab Hunger, in der Kantine gibt es wieder nur Spaghetti« – nölt da ein Kind, das die Eltern im Betrieb zwischengeparkt haben, oder ist es schon wieder dieser notorisch unzufriedene Kollege? Er tut sich keinen Zwang an und posaunt jede seiner zahlreichen Missstimmungen lautstark heraus, ob es jemand wissen will oder nicht. Der Quengelkönig ist mit der Gesamtsituation unzufrieden (siehe auch: → Befindlichkeitsaufdränger, → Heulboje).

R

Radfahrer
Schimpfwort-Klassiker – der Radfahrer tritt nach unten und buckelt nach oben.

Ritter der Schwafelrunde

König Artus soll einst den runden Tisch erfunden haben, um Streit um die besten Plätze zu vermeiden. Heute verbringen Insbürogeher vieler Branchen lange Tage in Schwafel- statt Tafelrunden: Meetings und Konferenzen, Sitzungen und Tagungen. Produktiv geht es dabei selten zu, dafür lassen sich im Zuge der teilnehmenden Beobachtung alle Arten von Imponiergehabe und Platzhirschverhalten besichtigen (siehe auch: → Kompassnadel).

Rockstar
Kollegin, die durch besonders kurze Röcke auffällt, sonst mehr durch eine besonders lange Leitung.

HM, DIE IT-ABTEILUNG GEHT MAL WIEDER IHRE EIGENEN WEGE.

Rollkofferlokomotive

Unternehmensberater fliegen immer im Kreis zwischen Frankfurt, München, Hamburg und Düsseldorf. Der größte Teil ihres Mondgehalts ist Schmerzensgeld: für 90-Stunden-Wochen und ein Leben aus dem Rollkoffer. Kommt so ein → Businesskasper zurück vom Flughafen, muss er erst auf der Klingelleiste schauen, ob seine Wohnung im dritten oder doch im vierten Stock liegt.

Rucksack

Solche Mitarbeiter gibt es in fast jedem Büro: einen, der mit durchgeschleppt werden muss, weil er sich ständig drückt und keinen mit bloßem Auge erkennbaren Eigenbeitrag leistet.

R wie Radiorebell

Hamburg, ein Sommermorgen im Juli 1999: Radiomoderator Oliver Bennett soll ab sechs Uhr früh die Hörer der »Morning-Show« unterhalten. Aber er verbarrikadiert sich im Studio des Senders »Mix 95.0« und spielt nur zwei Songs: »No Milk Today« von Herman's Hermits und »Dancing Queen« von Abba. Immer abwechselnd. Fast vier Stunden lang dauert der Oldie-Alarm, dann erst gelingt es, den Wiederholungstäter in die Sendepause zu schicken.

Selten hat sich ein Angestellter so aufgedrängt für einen sofortigen Rauswurf. Doch Oliver Bennett, der eigentlich Pscherer heißt, wurde nur kurz beurlaubt, nach einem gewaltigen Medienecho kehrte er schnell zur Morgenshow zurück.

In Hamburg blieb er noch ein Jahr am Mikrofon, moderierte später bei bayerischen Privatsendern und verabschiedete sich dann ganz vom Radio. Heute lebt und arbeitet Pscherer, 45, in England. Für ihn war die kuriose Studiobesetzung ein Akt der Rebellion gegen den »musikalischen Einheitsbrei« im Privatfunk. Oder war es doch nur ein Marketingjux, wie vielfach vermutet wurde? Ein Anruf in London.

Herr Pscherer, wieso?
Wieso was?

Der Song »Dancing Queen«, okay, der verströmt diese zeitlos klirrende schwedische Pop-Eleganz. Aber wieso »No Milk Today«? Das leiert doch schon beim zweiten Hören furchtbar …

Es gab keinen besonderen Grund. Die Auswahl war ganz einfach: Ich habe die beiden Stücke nicht ausgewählt, nur ins Regal gelangt. Sie waren gerade da.

Wie lange hatten Sie schon den Plan, sich im Studio von »Mix 95.0« zu verschanzen?

Der gärte in den beiden Tagen zuvor. Es war meine erste Sendung als Moderator der neuen »Morning-Show«, nach zweimonatiger Vorbereitung im Team. Ich hatte schon zehn Jahre lang bei Privatsendern moderiert, war neu in Hamburg und lernte die Radiolandschaft langsam kennen. Das Musikprogramm fand ich erschreckend: Die Rotation bei den kommerziellen Sendern ist unglaublich klein. Überall dudeln dieselben Songs rauf und runter – als gäbe es nichts außer Phil Collins, Eros Ramazotti, Anastacia und den Rolling Stones. Bon Jovi gilt da schon als progressiv. Speziell mit dem Platzhirsch Radio Hamburg hatte ich katastrophale Hörerlebnisse, die kamen praktisch mit zehn Titeln aus.

Das Ödeste aus den Siebzigern und Achtzigern und das Blödeste von heute … Gegen diese Einheitspampe wollten Sie protestieren?

Ja, das war mein Gedanke: Egal bei welchem Sender und in welchem Format du dich bewegst – als Moderator kannst du keinen Einfluss mehr nehmen. Das Musikprogramm wird über Hörerumfragen gesteuert. Da werden 20 Leuten Titel vorgespielt: Wie würden Sie reagieren, wenn um kurz nach sechs beim Rasieren die Stones aus dem Radio tröten? Kommt ein italienischer Titel um 8.23 Uhr besser an als um 7.06 Uhr? Die Sender glauben, die Meinung dieser 20 Menschen gilt für alle 20000 oder 200000 Hörer am Morgen. Dann versprechen sie in Jingles, die ebenfalls immer gleich klingen, den »besten Mix« oder den »Supermix« – welcher Mix denn bitte? Das wollte ich mit meiner Studiobesetzung aufs Korn nehmen.

Was genau geschah am Morgen des 19. Juli 1999?

Unser Team aus acht Leuten wollte sich um halb vier treffen. Ich bin als Erster schon um drei Uhr ins Studio, habe von innen abgeschlossen und den Schlüssel stecken lassen. Von außen war die Tür nicht mehr zu öffnen. Der Rest war einfach: Ich musste nur die nächtliche Automation unterbrechen – Fader hochgezogen, schon war ich On Air.

Und dann haben Sie ausschließlich die beiden Titel in die Endlosschleife geschickt?

So dachte ich mir das, um ganz extrem zu sein: »Dancing Queen« und »No Milk Today« immer abwechselnd, so lange es geht. Nach einer Weile klingelte aber das Hörertelefon, die Leute wollten wissen, was da los ist. Also habe ich mit ihnen geredet, auch über das flache Hamburger Radioprogramm und diesen öden »Supermix«. Und dann wieder die beiden Songs. Aber keine Nachrichten, kein Wetter, keine Uhrzeit, diese ganzen Formatsachen, die sonst auf die Sekunde genau eingespielt werden im Radio.

Was glaubten Sie, wie schnell die Sause endet?

Ich hatte vermutet, dass die nach einer Stunde den Schlüsseldienst rufen oder den Stromstecker ziehen. Aber es wurden zwei Stunden, drei – grandios! Erst nach fast vier Stunden ging doch die Studiotür auf, der Programmchef stürmte herein und zog mich mehr oder minder zärtlich von den Fadern weg. Er sah ziemlich wütend aus …

… bestimmt hat er Ihnen einen Einlauf verpasst und Sie spontan gefeuert.

Nö. Ich wurde abgeführt ins Geschäftsführerzimmer und saß da wie auf einer Polizeistation. Man hat mich nichts gefragt, da kam nur ein knapper Satz: Du bist bis auf Weiteres beurlaubt, wir rufen dich an.

Hatten Sie mit einer fristlosen Kündigung gerechnet?

Klar. Das war einkalkuliert, sonst hätte ich den Schlüssel nie umgedreht. Es war mir gleichgültig, ich war mit mir absolut im Reinen. Es hat alles gepasst, um meine Message rüberzubringen. Vorher hatte ich mir gesagt: Die Morgenshow geht neu auf die Antenne, der gesamte Sender ist eine Neugeburt – wann, wenn nicht jetzt?

Auch deshalb grassierte in den Medien sofort Misstrauen, dass nur ein kleiner Privatsender mit einem PR-Gag verzweifelt um Aufmerksamkeit buhlt. Dafür gab es viele Anhaltspunkte …

Ich höre.

Zunächst: Vier Stunden – in der Zeit kann man den Hauptschalter umlegen, die Sicherung herausschrauben, das Schloss ausbauen, die Tür eintreten. Oder aus einem anderen Studio senden.

So einfach ging das nicht. Es gab nur das eine Hauptstudio mit der gesamten Sendetechnik darin. Natürlich haben die Kollegen versucht, die Tür irgendwie zu öffnen, sie haben auch die Feuerwehr geholt. Aber den Verdacht nehme ich niemandem krumm, es ist ja richtig: Normalerweise hat einer die richtige Idee, die ganze Geschichte ist schnell gegessen, niemand erfährt je davon. Hier standen viele Menschen vor dem Studio und wussten nicht, was sie tun sollten. Manchmal sieht man eben den Wald vor lauter Bäumen nicht.

Ein weiteres Indiz: Der Sender hat sich sofort danach gehäutet und, nunmehr als »Fun Fun Radio 95.0«, eine Oldie-Richtung bekommen, mit Hits der Sechziger- und Siebzigerjahre – was zu Abba und Herman's Hermits exakt passt.

Mit meiner Aktion hatte der Neustart rein gar nichts zu tun. Er war schon lange geplant und wurde nur ein wenig vorgezogen, wegen der großen öffentlichen Aufmerksamkeit.

Und Sie waren schon nach einer Woche wieder auf Sendung.

Dazu muss man wissen, was in diesen Tagen alles passierte: Der Sender wurde bombardiert mit Anrufen und Protesten. Zu Hunderten forderten Hörer, dass ich weiter moderiere. An den Landungsbrücken hingen sogar Transparente mit »Olli soll bleiben« oder »Schluss mit dem Einheitsbrei« – vielleicht war 1999 ein Sommer der Liebe. Außerdem haben die Nachrichtenagenturen und alle großen Medien das Thema aufgegriffen, sogar im Ausland. Mein Telefon klingelte pausenlos.

Hatten Sie's auf »Ten minutes of fame« angelegt – einmal im Leben zum Radiohelden werden?

Überhaupt nicht, mit einer so wuchtigen Wirkung hatte ich nicht gerechnet. Aber es war in der deutschen Radiolandschaft eben ein einzigartiger Alleingang. Das hat auch der Sender erkannt, mich schnell zurückgeholt und die Schlagzeilen zu seinem Vorteil genutzt. Ich wurde nicht gerade mit der goldenen Sänfte ins Studio getragen und stand unter ständiger Beobachtung, war auch kein einziges Mal mehr der Erste am Morgen. Aber man gab mir sogar eine Gehaltserhöhung – verlangt hatte ich das nicht.

Kurz darauf lief ein anderer PR-Gag: ein Striptease im »Fun Fun«-Studio. Für jede von Hörern richtig beantwortete Frage ließen Ihre Komoderatorin und Sie ein Kleidungsstück fallen, bis Sie blankgezogen hatten. Sehen konnten das nur Zeitungsfotografen – es passierte ja im Radio …

Stimmt. Das war reines Entertainment, und das ist Radio eben auch. Aber ich bin nicht stolz darauf. Ein Schwachsinn, da habe ich eine falsche Entscheidung getroffen.

Und die Studiobesetzung – jetzt mal unter uns, wir sagen's auch nicht weiter, außer den Lesern: Haben Sie das nicht doch mit dem Sender gemeinsam ausgeheckt?

Selbst wenn es so wäre, würde ich doch die schöne Geschichte nicht zerstören (lacht). Aber ich sage: Nein, es war kein Fake und kein Werbegag.

Apropos Fake: Warum heißt Ihre Londoner Medienfirma heute ausgerechnet »Fakerocker«?

Aha, da erahnen Sie eine Verbindung … Ganz falsch. Das ist nur eine kleine persönliche Lästerei: Nach 23 Jahren in den Medien hat sich der Eindruck verdichtet, dass dort viele unechte Leute arbeiten. Solche Fake-Typen im Radio, schlimmer noch im Fernsehen, haben zu nichts eine richtige Haltung, treten aber reichlich arrogant auf – deshalb Fakerocker.

Was hat Sie später nach Großbritannien gezogen?

Über ein EU-Projekt kam ich zu einer Community Radio Station südlich von Liverpool und habe sie als Produktionschef mit aufgebaut. Vor drei Jahren habe ich mit meiner Partnerin, einer BBC-Journalistin, die Produktionsfirma Fakerocker gegründet. Wir machen Fernsehsendungen fürs Ausland und Projekte für die BBC und Wohltätigkeitsverbände, zum Beispiel gerade über Anti-Mobbing am Arbeitsplatz. Außerdem schulen wir Presseoffiziere des britischen Militärs, bevor sie nach Afghanistan gehen. Ich moderiere also nicht mehr, ich produziere und trainiere.

Packt Sie manchmal noch Sehnsucht nach dem Radiomikro?
Wenn man einmal Radio im Blut hat, bleibt das für immer. Aber heute fühle ich mich hinter der Kamera und als Produzent viel wohler. Die Möglichkeiten, ein journalistisches Produkt zu gestalten, sind deutlich größer. Moderatoren dagegen müssen tun, was der Sender ihnen sagt. Sobald du etwas ändern willst, sind deine Tage gezählt. Es ist mir aber wichtig zu sagen, dass es Kollegen gibt, die nicht nur Schafe in der großen Herde sind.

Können Briten den Namen Pscherer unfallfrei aussprechen?
Das klingt ungefähr wie … Skierä. Aber richtig geländegängig ist Pscherer auch in Deutschland nicht. Darum wurde ich ja damals in Hamburg umgetauft, mit dem freundlichen Hinweis, dass mein Name marketingtechnisch nichts taugt. Das Marketingteam blätterte im Telefonbuch und stieß auf die Pizzeria Bennettino – und bumms, schon hieß ich Oliver Bennett. Mir war's egal, die Marketingleute waren ganz stolz darauf.

Entdecken Sie heute im deutschen Radioprogramm immer noch so viel Musikbrei wie 1999?
Ich bin selten in Deutschland. Aber als ich vor zwei Wochen auf einer langen Autofahrt von Frankfurt nach München mehrere Programme gehört habe, lief überall das Gleiche. Bis hin zur Verpackung – als gäbe es nur eine Firma, die jeden Sender mit Jingles versorgt. Die großen Privatradiostationen,

ob Antenne Bayern oder Radio Köln oder 104,6 RTL in Berlin, fahren alle auf dieser bewährten kommerziellen Schiene. Das ist an sich nicht schlimm, Radio ist eben ein Business wie jedes andere auch. Die Sender leben vom Geschäft mit der Werbung, da zählt die nackte Reichweite. Die Hörer entscheiden ja selbst, ob sie ein- oder ausschalten. Ärgerlich ist aber, dass man musikalisch überall denselben Kriminellen begegnet. Die Beatles etwa haben 217 Titel veröffentlicht. Das deutsche Radio kennt davon nur »She Loves You«, »Yesterday« und »A Hard Day's Night«. Auch Phil Collins hat nicht nur »Against All Odds« geschrieben, Bon Jovi mehr als »Beds Of Roses«. Da bleibt sehr viel Raum, um Hörern auch mal andere Musik nahezubringen, ohne sie gleich zu verschrecken.

Dann nennen Sie doch mal fünf Songs, die das Radiohören schöner machen.

Nur fünf, das ist nicht leicht. Ich entscheide mich für diese Titel:

1. Michael Bublé – Home
2. John Parr – St Elmo's Fire
3. Adele – Rolling In The Deep
4. Four Tops – I Can't Help Myself
5. Keane – Silenced By The Night

Interview: Jochen Leffers

S

Saftbereiter

Statt Sachbearbeiter (siehe auch → Nervsprecher).

Saftschubse

Stewardess/Flugbegleiter (siehe auch: → Luftkellner, → Trolly Dolly).

Säulenheiliger

Als Gott ihn schuf, wollte er angeben. Der Säulenheilige ist eine Legende im Unternehmen, ein Mann ohne Makel. Die Fachpresse fotografiert ihn mit Lorbeerkränzen, jüngere Mitarbeiter raunen über seine neuen Projekte, die älteren erinnern sich mit leuchtenden Augen an die Zusammenarbeit – und doch ist er gegangen und arbeitet jetzt bei der Konkurrenz. Aus Sicht der Betriebsnostalgiker ist nur ein ehemaliger Boss ein guter Boss. Und der Säulenheilige eine stete Mahnung an die aktuellen Chefs: Nie, nie, nie werden sie an seine Leistungen und sein Renommee heranreichen.

Schädling
Schadenssachbearbeiter in einer Versicherung.

Scheinriese

In Michael Endes Kinderbuchklassiker »Jim Knopf und Lukas der Lokomotivführer« gibt es die Figur des Herrn Tur Tur. Je weiter man sich von diesem **Scheinriesen** entfernt, desto gigantischer wirkt er. Dass es sich um einen Menschen ganz normaler Statur handelt, kann man nur aus der Nähe erkennen. Weil dafür aber niemand kühn genug ist, lebt Herr Tur Tur ein höchst einsames Leben. Dabei ist er sehr hilfsbereit und führt Jim Knopf und Lukas aus einer Wüste namens Ende der Welt ans Meer. Später verschaffen die beiden ihm einen Job als Leuchtturm auf Lummerland: Mit der Laterne in der Hand sorgt fortan Herr Tur Tur dafür, dass das Postboot nicht immer im Dunkeln die Insel rammt.

Und die Moral von der Geschicht'? **Scheinriesen** gibt es auch im richtigen Leben, nicht zuletzt bei der Arbeit. Wer das weiß, wird die Furcht ablegen zum Beispiel vor einem neuen Boss, der mit mächtiger Bugwelle aus der Ferne heranrauscht. Vor dem jungen neuen Kollegen mit einem Ruf wie Donnerhall. Oder vor den Unternehmensberatern, die nach einhelliger Überzeugung der Belegschaft das bewährte Gefüge der kriselnden Firma zu Klump zerhacken und neu zusammenfügen werden.

Don't panic: Es könnte sich nämlich um lebendige, atmende, sprechende Geschöpfe handeln. Und wer **Scheinriesen** erkennt, entdeckt vielleicht gleich auch ein paar Scheinzwerge: Kollegen, die sich ohne Not kleiner machen, als sie sind (siehe auch: → Selbstverzwerger).

Schlaufrau
Besserwisserin mit der Gabe, Allgemeinwissen als persönliche Erkenntnis darzustellen.

Schnappatmer
Medizinisch ist Schnappatmung eine schwere Atemstörung, die lebensbedrohlich sein kann und bei der jemand buchstäblich nach Luft schnappt. Medial ist der Begriff seit etwa 2011 beliebt und beschreibt beispielsweise die Rage, in die Politiker sich flugs reden, sobald Thilo Sarrazin im TV-Palaver eine neue Streitschrift bewirbt oder Günther Grass mit Nachfülltinte Israel kritisiert.

In Unternehmen ist der Schnappatmer ein dauerempörter Kollege – schon bei kleinen Ungerechtigkeiten schüttelt ihn heiliger Zorn (siehe auch: → Quengelkönig).

Schnürsenkelbügler
Ein Pedant, der auch noch den Inhalt seines Papierkorbs faltet – oder erledigte Notizzettel durchstreicht, bevor er sie zusammenknüllt und wegwirft (siehe auch: → Ameisentätowierer, → Kirschkernschnitzer, → Penibilator).

Schoßsitzer
Treten immer in der Mehrzahl auf, können nichts allein denken oder entscheiden.

Schützenkönigin
Hochwichtig und vor allem dekorativ – in ihrer Welt.

Schutzverletzer
PC-User mit destruktivem Potenzial.

Schwarzes Loch

Schlecht informierter Mitarbeiter, dessen Ausrede meistens lautet: »Bei mir ist nix angekommen.«

Schwungrad

Kollege mit chronischer Antriebsschwäche (siehe auch: → Lethargiestratege).

Sekundenschläfer

Erst beginnen die Lider zu flattern, dann sackt dem übernächtigten Mitarbeiter das Kinn auf die Brust – auf der Autobahn ist der berüchtigte Sekundenschlaf lebensgefährlich, in langatmigen Meetings hat er nicht ganz so schlimme Folgen.

Selbstflüsterer

Kaum hat der Mensch Worte, führt er Selbstgespräche. Manche lassen daran auch die Kollegen teilhaben. Schaut man genau hin, ist da kein Handy-Knopf im Ohr. Sie sind in einer Besprechung. Mit sich selbst. Immer.

Es ist kein Tourette-Syndrom, es ist einfach eine Gewohnheit. Und kann lästig werden: Bei ihren Monologen raunen Flüstertüten sich Durchhalteparolen zu (»Komm, der nächste Kunde beißt an«). Sie sondern leise Drohungen ab (»Wenn mir diese Plinse noch einmal dumm kommt …«). Oder sie verhandeln mit sich selbst Freizeitpläne (»Gehe ich heute ins Fitnessstudio? Oder schaue ich doch ›Alexa: Ich kämpfe gegen Ihre Kilos‹?«).

Vorteil: In diesen Kopf muss man nicht erst hineinschauen. Man ist schon drin.

Nachteil: Das alles will man wirklich nicht wissen (siehe auch: → Murmeltier).

Selbstverzwerger

Weiß was, kann was, ist kundig und kompetent – und duckt sich trotzdem immer weg, wenn es darauf ankommt. Manche Mitarbeiter (häufiger: Mitarbeiterinnen) sind einfach keine Mittelpunktmenschen und machen sich gegenüber den Sonnenkönigen, die jederzeit selbstbewusst auftrumpfen, bewusst oder unbewusst klein.

Sie sind nett, höflich, fleißig und überhaupt sympathisch. Aber sie leben im »Eigentlich«-Land. Denn wenn sie sich in Meetings überhaupt etwas zu sagen trauen, schränken Selbstverzwerger sich in jedem Satz ein: »Ich weiß, das ist gar nicht mein Fachgebiet, aber …« – »Könnte man nicht vielleicht auch …« – »Falls noch ein bisschen Zeit ist, hätte ich da nur eine kleine Ergänzung …« Hätte hätte Fahrradkette. Aber manchmal lösen sich Selbstverzwerger nach einigen Monaten aus dem Zustand permanenter Schüchternheit und entwickeln plötzlich Mut zum eigenen Standpunkt. Dann ist jeder froh, sie im Team zu haben.

Sitzheizung

Hält seinen Bürostuhl warm, macht sonst nicht viel.

Sitzsack

Männer, die auf Monitore starren: Während der → Kilometermann auf der Suche nach guten Einfällen ganze Fabrikgebäude durchmisst, ist sein Gegenspieler der Betriebsbuddha. Er ruht ganz in sich selbst, sein Puls sinkt wie bei einem Igel im Winterschlaf auf zehn Schläge pro Minute, nur gelegentliches Wimpernklimpern verrät, dass er lebt. Nachdem er etwa zwei Stunden unentwegt den Blick auf den Bildschirm gerichtet hat, kommt ihm die Erleuchtung.

MEINE HERREN: UNSERE NEUE ZWERGSTELLEN-LEITERIN!
LEONARD

Smartie
Dieser Büromensch ist eher trübtassig und wirkt notorisch desinteressiert. So richtig auf Touren kommt er erst, wenn ein Kollege ein brandneues Smartphone als Diensthandy bekommt: Will ich auch, aber subito! HabenHabenHaben!

Sonne der Gerechtigkeit
Spottwort für die Gleichstellungsbeauftragte.

Sprechautomat
Vorgesetzter, bei dem man alle Fragen und Antworten längst kennt.

Stempeltünnes
Kollege mit ständig blau verschmierten Händen.

Sterbehelfer

Zu den niederträchtigsten Demütigungen, die in Unternehmen oder Behörden vorkommen, gehört die Abschiebung eines missliebigen Mitarbeiters ins »Sterbezimmer«. Es ist ein gezieltes Kaltstellen, eine Art Isolationshaft: Der Angestellte bekommt das hinterste Kabuff, weit entfernt von seinen bisherigen Kollegen. Aufgaben erhält er gar keine oder nur völlig stumpfsinnige, muss aber jeden Morgen zur Arbeit erscheinen, bei vollen Bezügen.

Meist gehen diesem schmutzigen Spiel mehrfache Abmahnungen und monatelange Kündigungsversuche voraus. Der Vorgesetzte gibt fortan den Sterbehelfer. Und lauert nur darauf, dass der zur Untätigkeit verdammte Mitarbeiter mürbe wird. Oder dass ihm im Sterbezimmer ein Fehler unterläuft, der doch noch eine Entlassung rechtfertigen könnte (siehe auch: → Fensterhocker).

Stuhlkreissitzer
Liebhaber beruflicher Weiterbildung, Kennenlernspielchen inklusive – »jetzt nimmt der Erste das Wollknäuel, stellt sich vor und erklärt, was er von diesem Seminar erwartet. Dann bitte das Wollknäuel dem nächsten Teilnehmer zuwerfen«.

Stuttgarter
Ihn zwickt ein ausgeprägter Sparzwang. Auf Firmenkosten langt er gern zu, verbummelt aber täglich mindestens eine halbe Stunde im Kampf gegen vermeintlich astronomische Preise bei Lieferanten.

Style-Faschist
Ein unermüdlicher Verwalter von In-und-out-Listen. Welche Klamottenfarben gerade angesagt sind, Musik für Kenner und für Penner, das richtige Auto und das coolste Fahrrad – der Style-Faschist weiß alles. Und geht allen damit mächtig auf den Docht. Bester Kumpel des → Mode-Nazis.

Süßigkeitenkistenverwalter
Weist Kollegen darauf hin, dass sie schon zweimal an der Box mit den Süßigkeiten im Labor oder Büro waren.

Synchronschwimmer
Meist treten sie als Paar auf, maximal als Trio, und vermeiden ansonsten echte Rudelbildung im Unternehmen. Diese Kollegen sind unzertrennlich und machen alles gemeinsam, vom Projektteam bis zum Kantinengang. Am liebsten bleiben sie strikt unter sich.

Synergieeffekt
Etwas makabrer Begriff für Kollegen, die »über« sind, wenn durch Fusionen von Firmen angebliche Synergien geschaffen werden: »Du Synergieeffekt«.

Systemapokalyptiker
IT-Mitarbeiter, der gern behauptet, das neue System fahre »gegen die Wand« oder treibe die Firma in die Pleite. Seine typische Reaktion: »So kann ich nicht arbeiten. Ich mache jetzt gleich gar nichts mehr!«

S wie Schreibtisch

Elena Rovati kennt sich aus mit Schreibtischen. Auf ihrem eigenen, im Büro eines Telekommunikationsriesen in Berlin, hat sie viele Verpackungen gesammelt. In einem italienischen Magazin blättert sie zur Inspiration und gegen das Heimweh; daneben stehen Dosen mit Essen. Rovati weiß dann: dieser Verpackungsfimmel – typisch Designerin. Diese Sammelei – typisch Frau. Und selbst gekochtes Essen von zu Hause mitbringen – typisch italienisch.

Sie weiß das so genau, weil sie monatelang die Schreibtische anderer Menschen analysiert hat. Mit ihrer Kamera zog Elena Rovati durch ein Dutzend italienischer Callcenter, Banken, Verwaltungen und Designbüros. Sie fotografierte Schreibtische aus allen Perspektiven und stellte Fragen: Seit wann arbeiten Sie hier? Welches Ding auf Ihrem Tisch würden Sie am meisten vermissen, welches gar nicht? Dann zählte sie die Objekte mit einer Strichliste. »Man merkt, wenn jemand viele Jahre in einem Büro arbeitet«, sagt Rovati. Die Menschen richten sich dann häuslich ein.

Als Studentin machte die Italienerin mit bei einer internationalen Studie: Rund hundert Designstudenten knipsten 686 Bürotische. In Auckland und im indischen Pune, in Taipeh, Hongkong und Kairo, in Mailand und Köln. Das Projekt »My Desk is my Castle« begann als Seminarthema an der Kölner International School of Design. Dahinter stehen die Designtheoretiker Michael Erlhoff und Uta Brandes.

Bloß nicht alles Private verbieten

»Die Dinge auf Bürotischen dienen dazu, den eigenen Status zu demonstrieren und sein Territorium zu markieren«, sagt Uta Brandes. Was nicht auf den Tisch passt oder nicht gesehen werden soll, landet in der Schublade darunter, »die ist wie das Schlafzimmer zu Hause«, der privateste Ort im Büro. »In einigen Firmen, die wir für die Studie untersuchten, gab es auch strenge Regeln: nichts auf dem Tisch, nichts an der Wand. Die Atmosphäre war freudlos.« Brandes ist überzeugt: »Alles zu verbieten wirkt sich richtig schlecht auf die Effizienz aus.«

Vier Branchen reizten die Forscher besonders: Callcenter, weil da in der Regel keiner einen festen Arbeitsplatz hat. Banken – hier kommen Kunden vorbei und sitzen mit am Tisch. Verwaltungen, denn dort bleibt man in der Regel lange Zeit angestellt. Und Designbüros, weil Gestalter sich wohl auch auf eine reflektierte Weise mit Design umgeben.

Bei der Auswertung aller Fotos, Antworten, Strichlisten merkten die Forscher: Arbeitsplätze innerhalb eines Büros glichen sich. Nirgends war ein Tisch penibel leer und der daneben mit Überraschungseifiguren zugerümpelt. Auch in den Branchen sahen die Schreibtische ähnlich aus: »Ich hatte gedacht, dass die Kreativbüros schlichter, minimalistischer wären«, so Elena Rovati. »Und in Callcentern war das persönlichste Stück die private Tasche von Angestellten.«

Asiaten mögen's kitschig, Europäer eher karg

In Callcentern fanden die Studenten sieben Gegenstände pro Tisch, in Kreativbüros 17. In Hongkong sammelten sich sagenhafte 2709 Objekte auf 71 Tischen, in Köln nur 760 an

94 Arbeitsplätzen. »Designer in Asien sahen die Fotos europäischer Designbüros und sagten: ›Wie können die in einer derart klinischen Atmosphäre arbeiten!‹«, erzählt Brandes. »Und die Europäer fanden umgekehrt: ›Wie können die bei so viel Kitsch klar denken!‹« Dass gerade Asiaten → Volltischler sind, hat auch praktische Gründe: Wohnraum ist knapp, »viele lagern Dinge von zu Hause ins Büro aus«.

Ob riesige Plüschtiere, eine Armee von Transformer-Actionfiguren oder ein Arbeitsplatz komplett in den Fußballfarben von Inter Mailand: »Die Angestellten definieren sich über das, was sie sammeln«, beobachtete Studentin Carla Otto bei ihren Foto-Expeditionen in Deutschland und Indien. Auf indischen Schreibtischen fand sie viele Religionsbezüge wie Ganesha-Figuren oder Tempelbilder. Eine Mitarbeiterin hatte auf eine Schrankwand ein Sprichwort geschrieben: »Everything will be ok in the end. If it's not ok, it's not the end.«

Überhaupt ist der Arbeitsplatz auch ein Kommunikationsmedium – man zeigt, wer man ist. Etwa mit Familienfotos, so Brandes: »Die stehen nicht da, wo ich selbst von meinem Stuhl aus draufschaue, sondern so, dass vorbeigehende Kollegen sie sehen.« Eine Karnevalsdevotionalie erinnert an den Ausflug mit Kollegen; eine Porzellanfigur, die man eigentlich scheußlich findet, darf bleiben, weil sie das Geschenk einer Kollegin ist.

Leerer Tisch = wichtiger Job

Nicht zuletzt demonstriert der Arbeitsplatz den Erfolg im Unternehmen. »Je wichtiger einer in der Firma ist«, so Brandes,

»desto größer und leerer ist der Schreibtisch.« Topmanager sind ja immer unterwegs. Und brauchen den Tisch kaum.

Universell eklatant: Egal in welchem Land und welcher Branche – meist ist flott zu erkennen, ob hier ein Mann oder eine Frau arbeitet. Auf manchen Fotos sieht man auf den ersten Blick nur Pink, Lila, viele flauschige, runde Dinge und Handcreme. Auf anderen dominiert Dunkelblau, Schwarz und Metall, »da liegen dann Autoschlüssel und Handy, lässig auf den Tisch geworfen«. Alle Klischees seien bestätigt worden, sagt Brandes, Professorin für Gender und Design.

Deutlich zeigt die internationale Bürotisch-Studie, wie wichtig es für Menschen ist, ihre tägliche Umgebung ungehemmt dekorieren zu können. Ob Knuddelbären oder Familienfotos, »wenn die Mitarbeiter glauben, das fördert ihr Wohlbefinden, nur zu«, sagt Michael Kastner. Der Arbeitspsychologe und Mediziner rät von strikten Regeln ab: »Die Zeit, die Menschen im Büro verbringen, ist der Großteil ihrer wachen Zeit. Dann sollten sie auch die Möglichkeit haben, sich ihren Arbeitsplatz individuell zu gestalten, ihre Höhle zu bauen.«

Uta Brandes sieht Büros längst mit anderen Augen – »jeder Schreibtisch unterliegt jetzt meiner strengen Analyse«. Auch ihr eigener: »Ich dachte immer, mein Schreibtisch sei wahnsinnig sachlich. Aber hinten steht gänzlich nutzlos ein Art-déco-Tintenfass-Set, daneben ein Parfum, obwohl ich mich nicht dauernd einsprühe, eine Tasche mit Kleinkram, eine kleine Holzdose für Stifte. Vor unserer Studie hatte ich ein cooleres Selbstbild.«

Anne Haeming

T

Tauchsieder

Hitziger Kollege, der in jeder Debatte mitmischt und zu allem einen Kommentar abgeben muss.

Tausendfüßler

Ein über die Maßen zögerlicher Vorgesetzter, der notorisch viele Bedenken spazieren trägt, sich bei jeder Entscheidung x-fach absichert und seine Belegschaft so ins »Land der tausend Schritte« führt.

T.e.a.m.

Die wahre Bedeutung des Kürzels: **T**oll, **e**in **a**nderer **m**acht's. Oder wenn es ganz übel kommt: **T**error, **E**goismus, **A**ggression, **M**obbing.

Teebeutel

Ein Kollege, der sich überall reinhängt, auch wenn es gar nicht sein Thema ist. In manchen Firmen werden britische Mitarbeiter ebenfalls Teebeutel genannt.

ÜBER SEINE TEAMFÄHIGKEIT SAGT MIR DAS NIX.

Teilchenbeschleuniger

Kennen Sie das Higgs-Boson? Nein? Dann waren Sie im Sommer 2012 auf Urlaub in der Antarktis oder mutterseelenallein in der mongolischen Tundra. Das Higgs-Boson ist, wie die staunende Welt erfahren durfte, ein Elementarteilchen, das aller Materie Masse verleiht. Entdeckt haben wollen es Physiker am europäischen Kernforschungszentrum Cern; bei der Inbetriebnahme des gigantischen Teilchenbeschleunigers 2008 in Genf hatten Apokalyptiker noch gewarnt, die Welt werde in ein schwarzes Loch stürzen.

Das geschah nicht, stattdessen kam es zu einer anderen Sensation, der Aufspürung des Higgs-Boson. Dass es auch »Gottesteilchen« genannt wird, trägt zur Popularität des Themas in den Medien nicht wenig bei – »Gottesteilchen« in einer Überschrift kommt selbst bei Atheisten und Agnostikern gut an. Was dieses Teilchen genau bewirkt, da geraten bei Erklärungsversuchen sogar naturwissenschaftlich versierte Menschen ins Stammeln, deren Klugheit und Weltläufigkeit sonst weithin gepriesen wird.

Sehr viel handfester ist da der Kollegen-Typus Teilchenbeschleuniger. Wenn nach dem Kantinengang noch etwas Platz ist, sprintet er in seine Lieblingsbäckerei und bestellt: »Drei Berliner, zwei Windbeutel und eins von den Gottesteilchen, bitte.«

Telekom-Aktie

Haben Sie sich etwa 1996 mit T-Aktien eingedeckt und 1999 noch mal nachgelegt, als Schauspieler Manfred Krug für die neue »Volksaktie« der Telekom trommelte (wofür Krug sich später »aus tiefstem Herzen« entschuldigte)? Dann wissen Sie, wie es weiterging: Anstelle des geplanten Börsen-Höhenflugs kam es zur Bruchlandung, die Aktien liegen bis heute weit unter ihrem Ausgabekurs. So ist es auch mit einer »Telekom-Aktie« im Unternehmen: eine Führungskraft, die am Anfang hoch gehandelt wird, aber dann doch nichts wert ist (siehe auch: → Omnipotente Zelle, → Scheinriese, → Unterflieger, → Wunderkerze).

Tellerdreher

Mitarbeiter mit der Fähigkeit, zeitgleich viele Themen monatelang in Bewegung zu halten, ohne diese wirklich voranzubringen – entstanden aus der Zirkusnummer mit den sich auf Stäben drehenden Tellern.

Tintenkiller

Kollegen, die ständig neue Druckerpatronen brauchen. Und zu Hause rein zufällig denselben Patronentyp verwenden (siehe auch: → Nahversorger).

Tischgruppenführer

Sogenannte Teamleiter, die zwar keinen Abteilungsleiterstatus (geschweige denn deren Gehalt) haben, sich aber als solche ausnutzen lassen, ebenso bekannt als Hilfssheriff, Wadenbeißer oder Galeerentrommler (siehe auch: → Etagenkellner, → Fugenmasse).

Tod auf Latschen

Ein langweiliger, ausdrucks- und emotionsloser Kollege ohne jegliche Antriebskraft (siehe auch: → Schwungrad).

Torfnase

Für Langsamblicker (siehe auch: → Lahmsieder, → Mach 3).

Trolly Dolly
Stewardess/Flugbegleiter (siehe auch: → Luftkellner, → Saftschubse).

Tschernobyl
Achtung, der neue Chef kommt: strahlend, aber gefährlich.

Tuchfühler
Ob im Kollegengespräch oder Small Talk: Die Spezialität des Tuchfühlers ist totale Distanzlosigkeit. Er erzeugt »Dichtestress«, indem er seinem Gegenüber einfach zu nahe kommt. Viele Menschen vertragen das schlecht und verabschieden sich dann hurtig unter Absingen fadenscheiniger Vorwände (siehe auch: → Nahkämpfer).

Turnbeutelvergesser
Muffige Umkleiden und klebrige Medizinbälle, Zirkeltraining und Stufenbarren: Für Schüler gibt es so viele Gründe, sich dem Sportunterricht zu entziehen. Erfahrene Simulanten wissen tausendundein Synonym für Bauchgrimmen, Nabelsausen, Fuß- oder Kopfweh. Mädchen haben immer gerade ihre Tage, gern auch vier Wochen hintereinander. Bei Jungs hat sich das nicht durchgesetzt. Sie müssen anders lügen: »Ich habe mein Sportzeug vergessen.«

Was früher bei Bewegungsmuffeln funktionierte, klappt auch bei Arbeitsmuffeln in Unternehmen. Sie haben immer eine Ausrede griffbereit, warum gerade sie gerade jetzt gerade diese Aufgabe auf gar keinen Fall übernehmen können. Die Arbeitswelt kennt noch einen zweiten Typus von Turnbeutelvergessern: fahrige Mitarbeiter, die nichts geregelt bekommen, wenn sich nicht andere darum kümmern, zum Beispiel die Sekretärin oder ein Teamkollege (siehe auch: → Zwecktölpel).

Twittersitter

Was dieses Internet ist, wissen heute sogar ältere Manager, die sich noch ihre Mails lieber von der Sekretärin ausdrucken und sortieren lassen. Und auch, dass soziale Netzwerke eine ganz große Sache sind: Bei Facebook und Twitter ist die Jugend, da müssen wir dabei sein!

Wie's ungefähr funktioniert, haben sich Unternehmensvorstände in grotesk überteuerten Seminaren von freien Irgendwas-mit-Internet-Beratern einblasen lassen. Im Alltag zwickt sie aber doch die Angst vor der eigenen Courage: Was, wenn so ein subalterner Angestellter allzu munter zwitschert? Wenn so eine spontane Äußerung gar einen Shitstorm auslöst? Da braucht es sofort »Social Media Guidelines«, am besten auch einen Aufpasser, der die Mitarbeiter stramm reglementiert und kontrolliert, der jeden Tweet einzeln genehmigt. Und schon hat der Boss einen neuen Arbeitsplatz geschaffen: den des Twittersitters.

Tyrannosaurus Rex

Dieser Dinosaurier beeindruckt durch schiere Kraft und Größe – etwa 13 Meter lang, vier Meter hoch, sieben Tonnen schwer. Eine echte Fressmaschine, ganz oben in der prähistorischen Nahrungskette. Übermächtige Bosse werden ebenfalls T. Rex genannt. Wie ihre Vorbilder aus der Kreidezeit verbreiten sie Angst und Schrecken. Jeden Rivalen beißen sie weg und verspeisen schon als Horsd'œuvre zwei, drei Mitarbeiter. Was aus den Dinosauriern am Ende wurde, ist bekannt: Sie starben aus, weil sich die Umweltbedingungen wandelten und die Anpassung ihnen nicht gelang.

T wie Teambuilding

In der Klosterkirche von Brandenburg an der Havel drängen sich 150 Frauen und Männer, über ihnen leuchten alte Buntglasfenster. Nach Gottesdienst sieht es aber nicht aus: Die Besucher tragen Schildchen mit ihren Vornamen, ein Beamer wirft Begriffe wie Technical Skills, Quality, Capacity auf eine Leinwand – und mittendrin das Wort Team. Der Referent erklärt die Regeln. Die kuriose Aufgabe: Wir bauen eine Murmelbahn.

Nach kurzem Stirnrunzeln finden sich die Teams und schwärmen aus. Wo einst Kirchenbänke standen, finden inzwischen Konzerte, Trauungen, Tagungen statt. Und heute läuft das Teambuilding-Event. Das Baumaterial: Plastikröhren in verschiedenen Längen und Stärken, Becher, Klebeband, buntes Papier.

Mel klebt dünne Röhren zu Dreibein-Stativen zusammen, Jette legt aufgeschnittene, graue Abflussrohre darauf. Die Bahn wächst, wird zwei-, dreistöckig. Trichter, Kurven, Schikanen ergänzen die fragile Konstruktion. Die Teams verbinden ihre Bahnabschnitte, dann schnappt Paul sich die Kugel: Wie weit wird sie rollen? Schafft sie es ins Ziel, einen großen Becher, beschriftet mit »Rapid Eye 2.0«?

Raus aus dem Alltag, rein ins Vergnügen

Rapid Eye ist ein deutscher Anbieter von Geoinformationen, der mit eigenen Satelliten Erdbeobachtungsbilder für Unternehmen und Behörden erstellt. Nach der Übernahme durch einen kanadischen Wettbewerber 2011 beschloss der neue Geschäftsführer Ryan Johnson, die 140 Mitarbeiter per Teamtraining auf die Zukunft einzuschwören. So kam die Murmel ins Rollen. »Wir sehen die Veranstaltung als Startpunkt für ein neues Rapid Eye«, sagt Johnson. »Es ist eine Gelegenheit für alle Teams, zusammenzuarbeiten, etwas zu erreichen, Spaß zu haben und aktiv zu sein.«

Konzipiert hat das Kugel-Event die Kölner Agentur Domset Live-Kommunikation. Sie bietet Teamtrainings in kleinen und großen Gruppen an, für Berufseinsteiger und Führungskräfte, für Controller und Callcenter-Mitarbeiter. Mal üben sich die Teilnehmer als Agenten im »Distance-Spying« mit GPS-Gerät, Kompass und Fernglas; mal bauen sie Katapulte, hantieren mit Lego-Männchen, klettern auf Windkrafträder oder in Seifenkisten.

Stuhlkreis war gestern. Heute ähneln Teamtrainings großen Kindergeburtstagen. Es geht darum, Angestellte aus der Reserve zu locken und ein Gemeinschaftsgefühl zu stärken oder erst zu wecken. Denn wer mit dem Kollegen auf dem Windrad gezittert oder beim Katapultbau geschwitzt hat, wird ihn mit anderen Augen sehen. Man müsse die Leute aus dem Alltag reißen, sagt Domset-Kreativdirektor Oliver Malat. »Mit Standards kommt man kaum weiter.« Die Agentur gestalte zu einer bestehenden Herausforderung ein passendes Teamerlebnis. »Dass das Erlebte im Nachhinein reflektiert werden muss, um es mit in den Alltag nehmen zu können, ist selbstverständlich.«

Wirklich mehr als nur Angestelltenbespaßung?

Oft knirsche es in Teams, weil mehr übereinander als miteinander geredet werde, so Domset-Chef Dominik Deubner: »Das Aufeinandertreffen von Persönlichkeiten mit unterschiedlichen Temperamenten ist oft ein Problemherd in der Teamarbeit.« Glattbügeln nütze aber nichts. »Meinungsverschiedenheiten und Diskussionen gehören zum Job. Sie helfen, Teamkollegen besser zu verstehen und einzelne Stärken gezielter zu nutzen«, so Deubner.

Zahlreiche andere Anbieter haben ebenfalls spektakuläre Trainingsevents im Programm: Die Agentur Hirschfeld aus Erfurt lässt es bei der Biathlon-Fun-Challenge knallen, Nord Event aus Hamburg vergießt Kunstblut beim Krimiabend. Wenn Manager, Buchhalter oder Fließbandarbeiter zum mobilen Zirkus Toussini kommen, lernen sie jonglieren, trommeln und üben Clown-Nummern. Die bayerische Künstlerin Etelka Kovacs-Koller steckt Manager in Blaumänner und lässt sie beim Action-Painting-Workshop mit Farben werfen. Beim Landauer Psychologen Jens Richter kann man mit Lassos werfen, mit Carrera-Autos fahren und Bogenschießen lernen.

Manche Event-Veranstalter, etwa die Berliner Wunderwerkstatt, bieten parallel auch Kindergeburtstage und Junggesellenabschiede an. Das nährt Zweifel: Ist so ein Teambuilding wirklich mehr als eine Angestelltenbespaßung, mit der Veranstalter einen schnellen Euro machen können? Oft folgen auf einen tollen Tag, an dem sich alle prima verstehen, Wochen, Monate, Jahre der Büroroutine und des zermürbenden Kleinkriegs unter Kollegen.

Schäfchen hüten, mal wörtlich genommen

Auf die Pauke hauen allein ist zu wenig. »Es geht nicht nur um Unterhaltung, sondern auch um den Transfer ins Berufsleben«, mahnt der Münchner Wirtschaftspsychologe und Unternehmensberater Bernhard Hauser. Action Learning klinge nach postmodernem Krawall, bezeichne jedoch eine über 50 Jahre alte, wissenschaftlich abgesicherte Methode des erfahrungsbasierten Lernens: »Bei diesem Ansatz arbeiten kleine Teams von vier bis acht Personen unkonventionell zusammen, um ein echtes Problem des Unternehmens zu lösen«, so der Professor für Change Management und Action Learning an der Fachhochschule für angewandtes Management in Erding.

Die Idee des Action Learning findet sich auch in einem Teamtraining wie dem Murmelbahnbau wieder – bessere Kommunikation ist das Lernziel. Die Universität Köln hat gemeinsam mit der Consulting-Firma Meta Five ein Forschungsprojekt zur Innovations- und Veränderungsfähigkeit von Teams gestartet. Beraterin Marlene Busch schätzt am Outdoor-Training, dass Kollegen, die oft seit Jahren das Büro teilen, sich in einer neuen Umgebung kennenlernen. Das sei aber auch »die große Herausforderung von Outdoor-Elementen: Da sie wenig Bezug zum Alltag haben, ist ein Transfer der Lernerfahrungen eher unwahrscheinlich«, sagt die Wirtschaftspsychologin.

Letztlich muss wohl die Mischung stimmen – konkrete Aufgaben, Prozessbegleitung durch einen erfahrenen Trainer, gern auch ein Schuss Abenteuer und frische Luft. So wie bei einem Domset-Workshop für Manager nahe Köln: In Kleingruppen finden die Teilnehmer per GPS zum Treffpunkt, wo eine Führungsaufgabe auf sie wartet. Und was für eine: Eine Herde von 1000 Schafen sucht neue Weidegründe und will wissen, wo es langgeht. Ganz wie im richtigen Business-Leben.

Christoph Stehr

U

Umsatzbremse

Für unfreundliche, genervte, inkompetente Verkäufer oder Dienstleister.

Unfallflüchtling

Nimmt Urlaub gleich nach Projektende.

Universaldilettant

Kann fast alles nicht richtig. Er rauscht mit großem Auftritt heran, vertritt wortreich eine Meinung zu jedem Thema und scheitert an jeder Aufgabe. Avanti, dilettanti!

Unterflieger

Gegenpart zum Überflieger, der zu den schönsten Hoffnungen berechtigt – der Unterflieger ist ein hoffnungsloser Fall. Regelmäßig sind die Kollegen von seinen Leistungen geradezu unterwältigt (siehe auch: → Telekom-Aktie, → Wunderkerze).

Untersuchungshäftling

Mitarbeiter in der Probezeit.

V

V3-Ingenieur

Vergisst alles, verliert Akten, vernichtet Wichtiges.

Ventilator

Dauernd am Rotieren, kommt aber nie vom Fleck.

Verbesserungsvorschläger

Mahnt ausdauernd Verbesserungen im Betriebsablauf oder in der EDV an.

Volltischler

Das klingt nach einem derben Büroschimpfwort (»Vollpfosten«), tatsächlich ist es ein Fachbegriff, den »Clean Desk«-Berater verwenden: für jene Spezies unter Angestellten und Chefs, die auf ihrem Schreibtisch meterhoch alles stapeln, was nicht aus eigener Kraft flüchten kann. Das sind zum Beispiel zehn Jahre alte Prospekte, Konzepte, Manuskripte, Zeitungen und Zeitschriften, aber auch ausgedruckte Mails, Kundenbriefe oder Postkarten. Mitunter reicht die einzige Freifläche gerade noch für eine Kaffeetasse. So signalisiert der Mitarbeiter, dass er jederzeit hoffnungslos überlastet ist. Tatsächlich neigen manche Aktenstapler zum Messie-

Syndrom – und können Hilfe vertragen durch Organisationsberater, die mal so richtig aufräumen. So wird man vom Voll- wieder zum Leertischler.

Was jetzt aber besser ist … schwer zu sagen. Albert Einstein fragte: »Wenn ein unordentlicher Schreibtisch ein Zeichen für einen unordentlichen Geist ist, worauf weist dann ein leerer Schreibtisch hin?« (siehe auch: → Kompostverweser)

Voodoo-Abteilung

Der Vorgesetzte wirkt völlig verpeilt, sein Team wie ein Käfig voller Narren, die Arbeitsorganisation wie ein einziges Chaos – das Wirken mancher Unternehmenszweige bleibt Kollegen aus anderen Bereichen unerklärlich. Die Voodoo-Abteilung, das ist mal klar, verdankt ihren Output schierer Zauberei: It's a kind of magic.

Vorhaut der Arbeiterklasse

Schmähung für Gewerkschafter, die sich immer dann zurückziehen, wenn es mal richtig ernst wird.

Vorkoster

Mitarbeiter, der pünktlich zur Kantinenöffnung Mittagspause macht: High Noon – ab 12 Uhr gibt's was auf die Gabel? Der Vorkoster steht um 11.59 Uhr bereit.

VoZiDra

Kürzel für den guten alten Vorzimmerdrachen – wirft sich furchtlos jedem in den Weg, der zum Chef möchte (siehe auch: → Abfangjäger, → Human Firewall, → Zerberus).

Vuvuzela

Bei der WM in Südafrika lauerte wegen der folkloristischen Tröten Ohrenkrebs-Gefahr. In Unternehmen sind Vuvuzelas stimmstarke Mitarbeiter, die den gesamten Rest der Belegschaften an ihren Gesprächen teilhaben lassen und Rundgrüße ins Großraumbüro röhren (»Moggäänn! Mahlzeit!! Feierabend!!!«). Sie trumpfen auch in Diskussionsrunden aller Art akustisch auf und sind bei Fernsehübertragungen von sportlichen Großereignissen aller Art vollends enthemmt. Von Standard & Poor's herabgestuft von Trompete zu Hupe (siehe auch: → Flüstertüte, → Goldkehlchen).

V wie Vorsicht, Facebook

Dolles Ding, dieses Internet. Und die sozialen Netzwerke erst: Kann man verfolgen, was Freunde in Neuseeland gerade erleben. Kann man interessante Texte oder kuriose Grafiken entdecken, Fotos vom Junggesellenabschied posten, über Gott und die Welt lästern. Und jeder sieht alles. Es sei denn, man klickt sich durch ein Dutzend Facebook-Unterseiten und findet in den gut versteckten Privatsphäreeinstellungen irgendwie heraus, wie man die Seite für Fremde sperrt.

Allzu offensiver Umgang mit Facebook oder Twitter kann Bewerbern oder Angestellten jedoch auf die Füße plumpsen. Umfragen bei Personalern zeigen, dass zwischen 30 und 50 Prozent der Unternehmen Informationen zu Job-Kandidaten auch im Web suchen. Unermüdlich weisen Datenschützer, Karriere- und Webexperten darauf hin, dass a) das Internet nichts vergisst und b) auch Chefs googeln können. Stets folgt darauf die mantraartige Warnung vor dem »Karrierekiller Internet«: weil man sich mit allzu freizügigen Informationen um alle beruflichen Chancen bringe, etwa durch wilde Partybilder oder krude Foren-Einträge.

Viel davon ist Web-Folklore – oder auch Angstmacherei. Schließlich leben einige Spezialfirmen nicht schlecht davon, dass sie versprechen, ihren Kunden per »Reputations-Management« wieder eine weiße Google-Weste zu verpassen. Aber ein bisschen Zurückhaltung ist für Arbeitnehmer durchaus angebracht. Rechtlich macht es einen Unterschied, ob jemand einer Freundin in der Kneipe erzählt, wie sehr ihn sein Job nervt. Oder ob es viele Menschen via Facebook oder

Twitter erfahren können. Entsprechend sauer reagieren bisweilen Arbeitgeber.

Kunden als »Penner« bezeichnet

Wie privat bleiben flotte Worte bei Facebook? Manchmal sind sie verhängnisvoll. Zum Beispiel für die Angestellte einer Sicherheitsfirma, die auf Facebook über ein Mobilfunkunternehmen zeterte. Was sie zu ihrem Handyvertrag schrieb:

> *»Boah, kotzen die mich an von (Firma X), da sperren sie einfach das Handy, obwohl man schon bezahlt hat … und dann behaupten die, es wären keine Zahlungen da. Solche Penner … Na ja, ab nächsten Monat habe ich einen neuen Anbieter …«*

So weit ein alltäglicher Eintrag – nur war das Mobilfunkunternehmen ein wichtiger Großkunde ihres Arbeitgebers. Und die Mitarbeiterin war auch noch im Empfangsbereich bei just dieser Firma eingesetzt. Darum erhielt sie die fristlose Kündigung, mitten in ihrer Schwangerschaft.

Der Bayerische Verwaltungsgerichtshof musste über ihren Antrag auf Prozesskostenbeihilfe entscheiden und sah gute Chance für eine Klage gegen die Entlassung. Denn nach Ansicht der Richter musste die Angestellte nicht damit rechnen, dass außer ihren Freunden auch der Arbeitgeber und dessen Kunde von der Äußerung erfahren. Zudem gelte dafür das Grundrecht auf freie Meinungsäußerung: »Allein die Klägerin entscheidet, was sie ›ankotzt‹ und was nicht.« Kurzum: Ein bisschen motzen auf ihrer privaten Seite durfte sie also.

Nichts als Ärger mit dem »Gefällt mir«-Daumen

Kann schon das Drücken des »Gefällt mir«-Knopfes fatale Folgen haben? Damit musste sich das Arbeitsgericht Dessau-Roßlau befassen. Es ging um eine Bankangestellte, die sich mit ihrem Arbeitgeber bereits auf eine Trennung mit sechsstelliger Abfindung geeinigt hatte. Dann aber schrieb ihr Ehemann auf Facebook: »Habe gerade mein Sparkassen-Schwein auf X-Y getauft. Na ja, irgendwann stehen alle Schweine vor einem Metzger« (X und Y waren die Namen der Sparkassen-Vorstände). Außerdem postete er ein Fisch-Piktogramm mit Sparkassensymbol, dazu die Anmerkung »Unser Fisch stinkt vom Kopf«. Darunter stand »Gefällt mir« mit dem Namen seiner Frau.

Der Eintrag war nur für Freunde des Ehemannes sichtbar, aber einer davon druckte es aus und ließ es anonym den Chefs zukommen, die der Mitarbeiterin prompt kündigten. Das ging dem Gericht allerdings zu weit: Die Frau sei seit 25 Jahren bei der Bank beschäftigt, eine Entlassung daher unangemessen. Außerdem sei das »Gefällt mir« eine Spontanreaktion und dürfe nicht überbewertet werden.

Ärger mit dem Facebook-Button handelten sich auch Angestellte des Autobauers Daimler ein. In der Gruppe »Daimler-Kollegen gegen Stuttgart 21« zur umstrittenen Tieferlegung des Stuttgarter Hauptbahnhofes wurde Konzernchef Dieter Zetsche als »Spitze des Lügenpacks« beschimpft. Mit »Gefällt mir« zeigten einige Daimler-Mitarbeiter Sympathie für den Kommentar. Fünf von ihnen lud das Unternehmen dann zum Rapport und wies sie auf die »Verhaltensregeln hin, die sie bei der Einstellung unterzeichnet haben«, so ein Firmensprecher. Es blieb aber bei einem Rüffel und kam nicht zu Kündigungen.

Haben Ostwestfalen Humor?

Deichkind ist ein sonderbares Feierkommando zwischen Hip-Hop und Elektropunk, immer gut für famose Live-Auftritte, für Skandal & Remmidemmi, auch für Ausritte in die Berufswelt. Zu den bekanntesten Songs der Hamburger Musiker zählen »Arbeit nervt« und »Bück dich hoch«, mit Zeilen wie …

Klick dich, fax dich, mail dich hoch,
grapsch dich, quetsch dich, schleim dich hoch,
kick dich, box dich, schlaf dich hoch, bück dich hoch, ja!

Ein Mitarbeiter einer Möbelfirma in Nordrhein-Westfalen schrieb dazu auf Facebook: »Bück dich hoch!!! Hm, mal überlegen. Wieso gefällt mir ausgerechnet das Lied von Deichkind, my friends«. Das Unternehmen kündigte ihm. Begründung: »Dadurch, dass Sie unsere Arbeitsbedingungen mit den von Deichkind besungenen vergleichen, werfen Sie uns menschenverachtende Arbeitsbedingungen vor, bei denen die Mitarbeiter aus unserer reinen Profitgier unter Gefährdung ihrer Gesundheit ausgebeutet werden.«

Das Posting war indes nur ein willkommener Anlass für die Entlassung. Im Streit gelegen hatte die Firma schon vorher mit dem Angestellten, der wegen eines Bandscheibenleidens länger ausgefallen war und einen Aufhebungsvertrag abgelehnt hatte. Im April 2012 brach der Mitarbeiter dann zu einem Drei-Tages-Urlaub auf und schrieb auf Facebook: »Wünsche Euch allen frohe Ostern!!! aus Barcelona«. Der Geschäftsführer des Unternehmens erhielt das und die Kollegengrüße als Farbausdrucke.

Die Auseinandersetzung endete allerdings außergerichtlich, der Mann verließ die Firma mit einer Abfindung. Dem Arbeitsgericht Herford, das daher nicht entscheiden musste, drängte sich die Frage auf: »Haben Ostwestfalen Humor – und wenn ja, wie viel?«

Beschäftigt bei »menschenschinder & ausbeuter«

Gar nicht amüsiert war der Chef einer kleinen Bochumer Firma über den Eintrag seines Auszubildenden, der seinen Arbeitgeber auf Facebook so beschrieb:

»Arbeitgeber: menschenschinder & ausbeuter
Leibeigener – Bochum
daemliche scheisse fuer mindestlohn -20 % erledigen«

Der Azubi sah das als »uberspitzten« und »lustig gemeinten« Eintrag, der Ausbilder als deftige Provokation. Er reagierte mit der fristlosen Kündigung. In der Minifirma mit nur drei Mitarbeitern, die Webseiten und Facebook-Profile für Unternehmen erstellt, absolvierte der 27-Jährige eine Ausbildung zum Mediengestalter. Teil seines Jobs: Bildbearbeitung, html-Codierung, Programmierung. Mit dem Internet kannte er sich also aus.

Dennoch ließ das Arbeitsgericht Bochum zunächst Milde walten und kassierte die Kündigung. Dem Azubi attestierte die Richterin eine »unreife Persönlichkeit« und einen »Mangel an Ernsthaftigkeit« – auch wenn er schon 27 Jahre alt sei, habe der Arbeitgeber die »Pflicht zur Förderung der geistigen und charakterlichen Entwicklung«. Deshalb hätte er zunächst zur Abmahnung und nicht direkt zur Kündigung greifen müssen.

Damit war die Sache aber noch nicht ausgestanden. Der zornige Chef marschierte zur Industrie- und Handelskammer und gab seine Ausbilderurkunde zurück, um ein Zeichen zu setzen. »Wenn jeder Azubi seinen Ausbilder so beleidigen darf, dann bilde ich nie wieder jemanden aus«, machte er seinem Ärger Luft. »Der Mann hat sich nicht einmal entschuldigt und ist schon seit fast einem Jahrzehnt volljährig. Ich bin nicht sein Erziehungsberechtigter und kann schon gar nicht sein Therapeut sein.«

Am Ende entschied das Landesarbeitsgericht Hamm, dass die Kündigung doch rechtens war: In seinem Alter müsse der Auszubildende über genügend Lebenserfahrung verfügen, um die Beleidigung einschätzen zu können. Also sei es ihm auch zuzumuten, die Folgen zu tragen. Damit wurde das Urteil des Bochumer Arbeitsgerichts aufgehoben.

Jochen Leffers

W

Waldabholzer
Kollegen, die alles ausdrucken, immer einseitig und immer auf Qualitätspapier.

Wanderführer
Wenn Mitarbeiter nicht Jahre oder Jahrzehnte auf dem gleichen Arbeitsplatz hocken, sondern neue Herausforderungen annehmen und dann plötzlich aufblühen, kann das Wunder wirken. Gute Chefs erkennen Veränderungsbereitschaft und fördern sie. Treibt einer das Rotationsprinzip aber so sehr auf die Spitze, dass Mitarbeitern ganz blümerant wird, ist er nur noch Wanderführer: der ideale Gegenpart zum Jobtouristen, der rastlos nach dem ultimativen Arbeitsplatz sucht.

Wanderpokal
Wird von Abteilung zu Abteilung durchgereicht und findet nie den Platz, an dem er reüssieren könnte. Alle, die noch nicht neben ihm gearbeitet haben, ahnen und fürchten: Eines Tages landet der Wanderpokal auch bei uns.

Warmliner

Wenn Sie bei der EDV-Hotline anrufen, sind die Kollegen gerade zu Tisch, im Haus unterwegs, eine rauchen, in Meetings? Das ist keine Hotline. Das ist eine Warmline. Höchstens (siehe auch: → BOfH, → Pebkac).

Why-Notter

Ein besonders begeisterungsfähiger Mitarbeiter, der Licht in die Finsternis der Chefwelt trägt; Idealtyp in der Management-Literatur. Sichtet der Why-Notter eine innovative Idee, ist er als Erster bereit zum Mitmachen und begrüßt sie mit einem strahlenden »Warum nicht? Das probieren wir einfach mal aus!« Dagegen ist der → Yes-Butter darauf spezialisiert, jeden neuen Einfall raffiniert abzubügeln.

Wickelvolontär

Als er Bundeskanzler und noch nicht lupenreiner Gazprom-Lobbyist war, bezeichnete Gerhard Schröder Familienpolitik abschätzig als »Gedöns«. Aus der Spielwiese für Politneulinge ist längst ein aufgeladenes Thema geworden, das Wahlen entscheiden kann. In ihrem früheren Amt als Familienministerin zog sich Ursula von der Leyen den heiligen Zorn konservativer Unionisten zu, als sie das Elterngeld durch »Vätermonate« ergänzte: Das Elterngeld wird ein Jahr gezahlt; zusätzliches Geld für zwei weitere Monate erhalten Familien, wenn auch der Vater nach Geburt eines Kindes eine Auszeit nimmt.

Die CSU, erbost über Leyens Attacke auf die klassische Hausfrauenehe, spottete prompt und sehr prägnant über das »Wickelvolontariat«. Diese Steilvorlage wurde in Unternehmen dankbar verwandelt – wer sich für zwei Monate ums Kind kümmern geht, wird als Wickelvolontär verabschiedet. Oder verabschiedet sich per Rundmail gleich selbst so.

SIE SIND JETZT ABER NICHT MEHR BÖSE, DASS WIR IHNEN DIE VÄTERMONATE NICHT EINRÄUMEN KONNTEN, GELL?

Windowsversteher
Für »Sysads« oder ähnliche Nerds, die außer Computer nix können.

Wunderkerze
Strahlend hell leuchtet der Neuzugang der Abteilung und sprüht Funken, doch nach kurzer Zeit ist es schon vorbei mit dem schönen Schein (siehe auch: → Omnipotente Zelle, → Telekom-Aktie).

Wurmschleuder (auch: Virenschleuder)
Mitarbeiter, der aus Neugier ausnahmslos alle E-Mail-Anhänge öffnet. Und keine Ahnung hat, was er damit anrichten kann.

X

Xantippse

Notorisch zänkische Schreibkraft, mindestens ebenso übellaunig wie Sokrates' Ehefrau Xanthippe. Bei Xenophon wird Sokrates so zitiert: »Gerade so machte ich's auch, da ich die Kunst mit den Menschen umzugehen zu meinem Hauptgeschäfte machen wollte: Ich legte mir diese Frau zu, weil ich gewiss war, wenn ich sie ertragen könnte, würde ich mich leicht in alle andere Menschen finden können.« Das mag auch der Grund sein, warum besonders tapfere Bosse sich so einen Griesgram ins Vorzimmer setzen.

Xenomorph

a) Begriff aus den Geowissenschaften: fremdgestaltig; Eigenschaft von Mineralien, die bei der Gesteinsbildung nicht in ihrer typischen Kristallform erstarren und keine Eigengestalt erreichen konnten, weil sie in ihrem Wachstum räumlich eingeengt wurden.

b) Holländische Death-Metal-Band.

c) Außerirdische Spezies, übles Monster aus »Alien«-Filmen mit variablem Aussehen und Gestalt.

d) Überaus flexibler Karrierist in Unternehmen, gut vernetzt mit Basis wie Beletage, jederzeit zu Indiskretionen bereit: heute noch Alliierter, morgen schon Verräter. Mit ein wenig Übung in Machiavellismus können Xenomorphen ausgezeichnet instrumentalisiert werden, um Gerüchte und Intrigen zu streuen. Wenn damit ihre Chancen beim Weg nach oben steigen, machen sie bereitwillig mit.

Xylakant

Dieses Lästerlexikon hält Bürobeleidigungen für fast jede Situation bereit. Ganz selten kann es geschehen, dass keine davon passen will. Dann kommt **Xylakant** zum Einsatz: Es ist eine Universalbeleidigung, eine, die immer passt. Der Begriff stammt aus dem Paralleluniversum der sommersprossigen und zahnlückigen Figur Alfred E. Neumann – nämlich aus »Mad«, einer Zeitschrift für kindische Erwachsene. Der deutsche Chefredakteur des verblichenen Satiremagazins war lange Herbert Feuerstein. »Mad« pflegte ein umfängliches Vokabular, um seine Leser zu beleidigen. Dazu zählte neben »Xylakant« zum Beispiel »Dorsch« – was sich bei Bedarf kombinieren lässt: »du dorschiger Xylakant«.

Xylofonvirtuose

Die Tuba, ein dickes Ding, erlebt gerade ihr Comeback im Balkanpop und in der mexikanischen Banda-Musik. Über den Kontrabass gibt es wenigstens ein Bühnenstück. Nur für das Xylofon interessiert sich niemand. Früher wurde es in Deutschland wegen seines eigenwilligen Klanges auch »hölzernes Gelächter« genannt. Ein Xylofonvirtuose im Unternehmen klimpert eher im Verborgenen – als Schmähung ein Synonym für Weichei, Schattenparker oder Zehenföner.

DIE BODYGUARD-GEWERKSCHAFT FORDERT BETRIEBSSPORT? NA, MEINETWEGEN.

Yes-Butter

Ein Mitarbeiter mit »Yes, but …«-Strategie. Zunächst hört er aufmerksam zu, nickt enthusiastisch, scheint die neue Idee zu begrüßen. Doch auf sein freudiges »Ja« folgt sogleich ein übergroßes »ABER« – er findet immer einen Ein- oder Vorwand, um ein neues Projekt schon im Anfangsstadium zu zerschießen. Vernünftige Einsprüche können halbgare Pläne verbessern helfen; der Yes-Butter neigt allerdings zu notorischer Bedenkenträgerei (siehe auch: → Lethargiestratege, → Tausendfüßler). Mehrere Teammitglieder seiner Sorte bedeuten meist Stillstand. Sein Gegenpart ist der → Why-Notter.

Yes-Men

Im Bürokosmos eine Truppe willfähriger Jasager und Kopfnicker. Den Chef umschwirren sie wie die Motten das Licht. Eigentlich sind »The Yes Men« aber Neinsager, Kommunikationsguerilleros mit einer Reihe schräger Aktionen: In den Neunzigern tauschten sie die Sprachmodule von Barbie- und GI-Joe-Puppen, stellten sie zurück in die Läden und gaben eine Erklärung der »Barbie-Befreiungsorganisation« ab. 1999 fälschten sie als Globalisierungskritiker die Homepage der Welthandelsorganisation. Bei ihrer »Yes, Bush Can!«-Tour 2004 forderten sie US-Bürger auf, Nuklearabfälle in den Vorgärten zu vergraben und ihre Kinder in den Krieg zu schicken. 2008 brachten sie eine gefälschte Millionenauflage der »New York Times« in Umlauf; darin ist der Irakkrieg vorbei und George W. Bush wegen Hochverrats angeklagt. Die führenden Köpfe der Politaktivisten, die immer wieder als angebliche Vertreter von Konzernen und Regierungen auftraten, sind ein Science-Fiction-Autor und ein New Yorker Professor.

Yetipelz

Gegen Projektstress, gegen tobende Chefs, gegen üble Nachrichten ist er immun – wer so ein dickes Fell hat, dem kann nichts etwas anhaben.

Yodajünger

In den »Star Wars«-Filmen ist Yoda ein über 900 Jahre alter Jedimeister, kleinwüchsig, dafür groß- und spitzohrig, sehr weise und virtuos im Umgang mit dem Lichtschwert. In Unternehmen ist der Yodajünger ein Schützling des Geschäftsführers und wird vom Altmeister als Nachfolger in Stellung gebracht, sofern er genug Gehorsam und Talent zeigt.

Yps-Leser

Die Zeitschrift »Yps« kennen Sie sicher. Kennen Sie nicht? Dann waren Sie in den Siebziger- und Achtzigerjahren kein Kind, oder kein richtiges jedenfalls. Ab 1975 fieberten viele Kinder jede Woche dem neuen Heft entgegen, vor allem wegen der beigelegten Spielzeuge – zum Beispiel Schleuderkatapulte, mexikanische Springbohnen oder die legendären Urzeitkrebse.

Das unterscheidet noch heute im Projektteam die Mitarbeiter: Wer in »Yps« die faden Comics las, statt gleich mit den großartigen »Gimmicks« loszuspielen, kann keine Prioritäten setzen. Der Yps-Leser ist der Kollege, der sich in ermüdenden Details verheddert – ein Langweiler und Inspirationsloch (siehe auch: → Ameisentätowierer, → Kirschkernschnitzer).

2

Zankwart
Ein Meister des Schlichtens, ist zuverlässig zur Zankstelle, sobald es Streit unter Kollegen gibt (siehe auch: → Büroblauhelm).

Zartliner
Das Gegenteil von Hardliner – der Zartliner ist ein bisschen zu weich für eine Führungsposition.

Zazikiatmer
»Mit scharf?« Na klar, einmal mit alles, auch mit scharfer Soße, doppelt Zwiebeln, Zaziki und extraviel Knoblauch. Das alles ein wenig gären lassen und beim Meeting nach der Mittagspause kräftig den Kollegen ins Gesicht pusten. Mahlzeit! (siehe auch: → Dönerluftverbreiter)

Zeitreisender
Mitarbeiter, der nachmittags an der Stempeluhr auf den nächsten Minutensprung wartet.

Zeitverschwender

Mitarbeiter, der während der Arbeitszeit Büroschimpfwörter erfindet, während gleichzeitig die Welt im Chaos versinkt.

Zerberus

Der Höllenhund in der griechischen Mythologie bewacht den Eingang zum Hades. In Unternehmen ist der Zerberus ein besonders grimmiger Empfangsmitarbeiter oder auch die Sekretärin, die den Eingang zum Chefbüro hütet (siehe auch: → Abfangjäger, → Human Firewall, → VoZiDra).

Wobei: Eigentlich weist das in die falsche Richtung. Der Zerberus ist kein Türsteher wie von Clubs à la P1 oder Berghain – hinein in die Unterwelt kann oder muss man, der Höllenhund indes sorgt dafür, dass niemand sie wieder verlässt. Statt »Du kommst hier nicht rein« also »Du kommst hier nicht raus«. In der Odyssee von Homer (nicht Homer Simpson, der andere):

> *»Wagt es einer der Toten an ihm vorbei sich zu schleichen,*
> *So schlägt er die Zähne tief und schmerzhaft ins Fleisch der Entfliehenden*
> *Und schleppt sie zurück unter Qualen,*
> *Der böse, der bissige Wächter.«*

Zitronenfalter

Frage: Was haben Geschäftsführer und Zitronenfalter gemeinsam? Gegenfrage: Haben Sie schon mal einen Zitronenfalter Zitronen falten sehen?

Zitronenpresse

Ein besonders unangenehmer Cheftyp: In seiner Hybris mutet er Mitarbeitern reichlich Überstunden zu, weil ein Abgabetermin bevorsteht oder eine Sonderaufgabe keinerlei Aufschub duldet – und das bleibt nicht die Ausnahme, sondern wird zum Dauerzustand (siehe auch: → Entsafter).

Zonk

Eine Niete, eine → Nulpe, ein Nichtsnutz der Arbeitswelt. Namensgeber ist ein hässliches rot-schwarzes Stofftier, das der Trostpreis in »Geh aufs Ganze!« war. Die Sendung aus den frühen Jahren des Privatfernsehens war eine schlichte Show: Die Kandidaten hatten stets die Wahl zwischen drei Optionen, mal half ihnen der schnauzbärtige Moderator Jörg Draeger, mal führte er sie in die Irre oder bot ihnen Geld für eine andere Entscheidung. Wer Pech hatte, ging nur mit der schielenden Plüschmaus nach Hause.

Zornröschen

Neckname für eine Führungsfrau, die ihr Umfeld mit rhythmischen Wutausbrüchen zu peinigen pflegt.

Zweckautist

Dieser Mitarbeiter folgt stets brav und treu der Linie, die sein Chef ausgibt. Droht jedoch die geringste Gefahr für ihn selbst, weiß er plötzlich nicht einmal mehr, welcher Tag heute ist.

Zwecktölpel

Zu den gusseisernen Bürogesetzen gehört: Arbeit zieht Arbeit an. Umtriebige Mitarbeiter laufen häufig in diese Falle. Wer eine Sache besonders gut erledigt, wird auch die nächste auf den Schreibtisch geworfen bekommen. Natürlich gilt das ebenso umgekehrt: »Da stelle mer uns janz dumm« – diese Taktik ist ideal, um Deppenjobs loszuwerden.

Der Zwecktölpel agiert bei einer Aufgabe extrablöd, um damit verschont zu werden und sich gleich auch für die nächste lästige Aufgabe aus dem Rennen zu reden. Die Kunst liegt darin, den richtigen Zeitpunkt und das richtige Publikum zu erwischen. Denn wer ständig den Chef auflaufen lässt, hat statt weniger Arbeit irgendwann: gar keine Arbeit mehr (siehe auch: → Bartleby, → Delegator, → Lustknabe, → Opossum, → Turnbeutelvergesser).

Z wie Zettelkrieg

Mit Kollegen soll man sich's nicht verscherzen, heißt es immer. Schließlich verbringen viele Menschen im Laufe ihres Lebens mehr Zeit bei der Arbeit als mit der eigenen Familie – und wer weiß, wie wichtig die anderen Mitarbeiter später im Berufsleben noch mal werden. Man sieht sich immer zweimal und so.

Erst mal sieht man sich täglich. Und mit manchen Kollegen kann man schwer auskommen. Auf der einen Seite sortieren Pedanten ihre Stifte nach Größe, heften jedes Zettelchen ordentlich ab und räumen jeden Abend ihren Schreibtisch leer. Auf der anderen Seite laufen Büroschlampen erst zwischen Papiertürmen und Essensresten zur kreativen Hochform auf. Wenn sich solche Typen gegenübersitzen, ist das schon schwierig genug. In den Gemeinschaftsbereichen können solche Konflikte eskalieren.

In Deutschlands Büros geht es manchmal zu wie in einer zerstrittenen WG. Wenn es gut läuft, klärt man Zwist von Mann zu Mann, von Frau zu Frau oder kreuzweise. Im schlechten Fall wird aus dem Stoßseufzer »Können die sich bitte mal benehmen?!« ein verdeckter Bürokrieg.

Denn wo in Deutschlands Büro schlechte Manieren walten, geben Rechthaber es einander gern schriftlich. Als Waffen für Erziehungsversuche dienen gedruckte wie auch handgekritzelte Zettel; bevorzugte Kampfzonen sind die Kaffeeküche und das Büroklo. Das klingt dann so: »Bitte den Mikrowellendeckel nutzen! Vertrocknete Essensreste in der Mikrowelle sind ekelhaft!« – »Beim Verlassen der Toilette: Klodeckel zu und Licht aus!« – »Tassen abspülen! Es ist nicht zumutbar, seinen Kollegen eine derart verschmutzte Küche zu hinterlassen!«

Attacken auf die Nervensägen

Wumm. Sätze wie Streubomben. Und sie können jeden treffen: Hat der Verfasser etwa beobachtet, wie ich meinen Becher kürzlich – große Ausnahme natürlich! – ungespült im Waschbecken versenkt habe? Oft werden aus dem Zank regelrechte Duelle, wenn Rechtschreibkorrekturen oder höhnische Antworten auf den Zetteln notiert werden.

Das Perfide am Kritzel-Kampf: Die Widersacher bleiben gesichtslos. Keiner weiß, von wem die Ansage stammt und wem sie gilt. »Die Verfasser wollen ihrem Ärger Luft machen, dabei aber anonym bleiben«, sagt Michael Kastner, Leiter des Instituts für Arbeitssoziologie und Arbeitsmedizin in Herdecke. Kritik äußern die meisten nicht gern direkt. Dabei ist nicht mal sicher, ob die Anhänger der Zettel-Guerilla nicht selbst zur Misere beitragen: »Wer solche Zettel schreibt, hält sich oft selbst nicht an die Regeln«, so Kastner.

Die Botschaften sind mitunter lustig (»Die kleine Tomati möchte seit ca. 4 Wochen aus dem Kühlschrankland abgeholt werden«), andere fies, manche beides zugleich. Zum Beispiel auf der Herrentoilette: »Geh näher ran, er ist kürzer, als du denkst«, ein Scherz, der schon Jahrzehnte überdauert hat. Emotionalisieren nennt der Wissenschaftler das. »Mit dem erhobenen Zeigefinger wird der Zettelschreiber sein Ziel kaum erreichen«, sagt Kastner. »Eine Botschaft ist wirksamer, wenn sie die Kollegen zum Schmunzeln bringt.« Dann dürfen die Nachrichten auch gern mal wehtun. Sind ja nicht persönlich gemeint. Ändern werde sich aber erst etwas, wenn »falsches Verhalten bestraft wird«, etwa durch einen Straf-Euro in die Gemeinschaftskasse fürs Nichtabwaschen von Kaffeetassen, so Kastner, der von Zettelbotschaften nicht viel hält.

Was sind das für Menschen, die ihre Kollegen ermahnen, warnen und umerziehen wollen? Man kann sie in sechs Typen einteilen:

Der Brüller: Jeder Satz ein Schrei

Der Brüller schreit ohne Töne, auf dem Papier. Ausrufezeichen sind das Mittel seiner Wahl. Viele Ausrufezeichen. »Es ist nicht zumutbar, seinen Kollegen derart verschmutzte Toiletten zu hinterlassen!!!!«, lautet sein stummer Schrei. Zur Verstärkung lassen sich Ausrufezeichen auch sehr schön mit Großbuchstaben kombinieren: »DIE KLOBÜRSTE IST KEINE DEKO!!!«

Erfolgschance: gering. Der Brüller agiert zu cholerisch. Außerdem lässt sich niemand gern auf dem stillen Örtchen anschreien.

Der Verzweifelte: Am Rande des Nervenzusammenbruchs

»Ist es denn so schwer …«, beginnt die Botschaft des Verzweifelten, »… dass jeder, der sich einen Kaffee nimmt, 50 Cent in die Kaffeekasse tut?« Er kann einfach nicht nachvollziehen, was in seinen Mitmenschen vorgeht, warum sie *einfachste Regeln des Zusammenlebens missachten.*

Erfolgschance: mittel. Der Verzweifelte bewegt sich auf einem schmalen Grat zwischen Sympathie und Mitleid. In den Kollegen weckt er den Impuls, ihn in den Arm zu nehmen, ihm ein beruhigendes »Alles wird gut« ins Ohr zu brummen – und sich dann mit dem unbezahlten Kaffee aus dem Staub zu machen.

Der Kreative: Der tut nix, der will nur spielen

Geht es ihm wirklich darum, die Kollegen zu belehren? Oder will er sie einfach mit Spielkram überraschen? Man weiß es nicht. Unter dem Titel »It works!« schreibt der Kreative eine Kurz-URL auf einen Zettel, den er in die Toilette hängt. Dahinter verbirgt sich ein Wikipedia-Artikel zum Thema »Toilet brush«. Nerdig und schlicht, aber wirkungsvoll: Kollegen, die ihr Smartphone mit auf die Toilette nehmen, erfahren, was zu tun ist.

Erfolgschance: hoch, sofern die Spielereien konkrete Handlungsanweisungen enthalten und nicht nur ablenken.

Der Freundliche: Heute schon ge :-) ?

Ohne Smileys geht in dem Büroalltag des Freundlichen nichts. Keine E-Mail, keine SMS, keine Zettelbotschaft kommt ohne Grinsebacke aus. »Wer die Kanne leert, bitte neuen Kaffee kochen :-)«. »Der Hocker gehört in den Druckerraum – nicht in die Küche ;-)«. Genervt vom Verhalten der Kollegen ist der Freundliche schon, will aber keinen Ärger.

Erfolgschance: gering. Auf dem Papier ist es nicht anders als sonst im Leben: Dauergriener können sich nicht durchsetzen.

Der Besitzstandswahrer: **Alles meins!**

Besitzstandswahrer verabscheuen jede Art von Veränderungen. Einen Kickertisch, den vor Jahren ihre Abteilung anschaffte, betrachten sie als ihr Eigentum. Dass er längst in der Kaffeeküche steht und sich nun mehr Kollegen daran austoben als früher: für sie unerträglich. Ein Zettel »Dieser Kicker gehört dem Einkauf!« soll ihr Hab und Gut vor Tölpeln schützen, die den Ball womöglich zu scharf gegen die Bande schießen.

Erfolgschance: gleich null. Besitzstandswahrer werden ausgelacht und mit Kicker-Bällen beworfen.

Der Poet: **»… Und morgen ein anderer an der Reihe ist«**

»Keine Angst – in mir steckt kein wildes Tier
Sondern nur jede Menge schmutziges Geschirr
Drum schalt mich ein, das ist nicht schwer
Und räume mich anschließend wieder leer
Mein Dank sei dir bestimmt gewiss
Und morgen ein anderer an der Reihe ist.«

Erfolgschance: Da hilft kein Reimen und kein Träumen, der Poet wird das Geschirr stets selbst wegräumen.

Anja Tiedge

Stefan Schultz. »Wer lacht, hat noch Reserven«. Die schönsten Chef-Weisheiten. KiWi 1263

Merkwürdige Motivationstechniken, seltsame Sprachbilder, weltfremde Weisheiten: Die Chefetagen vieler Firmen werden von Motivationsrambos und Code-Meistern bevölkert. Tausende von Angestellten haben ihre Perlen der Chef-Weisheiten an SPIEGEL ONLINE geschickt. Und mehr als 10 Millionen Leser haben die Rubrik binnen kürzester Zeit aufgerufen. Dieses Buch versammelt die skurrilsten, lustigsten und besten Chef-Sprüche der Nation.

Auch als eBook

www.kiwi-verlag.de KiWi PAPERBACK

Martin Blath / Elke Herbst. Wohnst du schon oder lachst du noch? Die witzigsten Immobilienanzeigen. KiWi 1300

Als Elke Herbst und Martin Blath vor einiger Zeit auf Wohnungssuche waren, studierten sie Unmengen von Immobilienanzeigen – und stießen dabei auf Perlen der Poesie. Rätselhaftes, Erfrischendes und vor allem Witziges: Im Formulieren von Wohnungsannoncen toben sich Makler und Vermieter oft so richtig aus. Dieses Buch stellt die lustigsten Anzeigen vor. Zum Staunen und Lachen.

Auch als eBook

www.kiwi-verlag.de

KiWi PAPERBACK

Tom König. Ich bin ein Kunde, holt mich hier raus. Irrwitziges aus der Servicewelt. Mit zahlreichen Illustrationen von Greser & Lenz. KiWi 1293

Liebe Kunden,

wir bieten Ihnen heute: die irrwitzigsten Geschichten aus der Servicewelt. SPIEGEL-ONLINE-Kolumnist Tom König verrät Ihnen, warum Apotheker so gern Zink empfehlen, wieso Waffeleis nicht im Sitzen verzehrt werden darf, wie viel Vanille im Vanillejoghurt ist und wie Telefongesellschaften Vertragskündigungen unmöglich machen wollen. Greifen Sie zu! Das Buch zur erfolgreichen SPIEGEL-ONLINE-Kolumne »Warteschleife. Mein Leben als Kunde.«

Auch als eBook

www.kiwi-verlag.de KiWi PAPERBACK

Zum Lesen, Lachen und Nachschlagen

Bastian Sick. Der Dativ ist ... Folge 1. KiWi 863

Bastian Sick. Der Dativ ist ... Folge 2. KiWi 900

Bastian Sick. Der Dativ ist ... Folge 3. KiWi 958

Bastian Sick. Der Dativ ist ... Folge 4. KiWi 1134

Witzig und unterhaltsam – Bastian Sicks Sprachkolumne begeisterte bereits Millionen Leser und zeigt immer wieder: Man lernt nie aus!

Auch als eBook

www.kiwi-verlag.de

KiWi PAPERBACK

Matthias Burchardt / Nora Hespers / Andrea Mayer. Ja? Nein? ... Jein! Kompass für den täglichen Gewissenskonflikt
KiWi 1229

Darf ich pikante Bettgeschichten im Freundeskreis weitererzählen? Oder dem Kollegen sagen, dass er schlimm nach Schweiß riecht? In »Ja? Nein? ... Jein!« werden alltägliche Probleme anschaulich dargestellt und aus verschiedenen Perspektiven philosophisch beleuchtet. Natürlich ist auch die Philosophie kein Allheilmittel für die Probleme des Alltags. Aber ein Schuss Moralin kann bisweilen Wunder wirken, wenn es um gute Entscheidungen geht.

Auch als eBook

www.kiwi-verlag.de

KiWi PAPERBACK